エレガントな毒の吐き方

脳科学と京都人に学ぶ「言いにくいことを賢く伝える」技術

脳科学者
中野信子

日経BP

はじめに

「深淵《しんえん》をのぞくとき、深淵もまたこちらをのぞいているのだ」とは、有名なドイツの哲学者、フリードリヒ・ニーチェの言葉です（『善悪の彼岸』）が、あえてこの格調高いフレーズを、このようにもじって言い換えてみたいと思うのです。

「京都をのぞくとき、京都もまたこちらをのぞいているのだ」

京都では、本当に上手なイケズは、棺桶《かんおけ》に入ったときに相手が言われたことを気づくくらいのレベルですよ、と言われたことがあります。この、気づくまでの長さをどれくらいに設定するかは、人によって違うのかもしれませんし、自分は京都の人間だけれどもそんな風には言わない、という人もおいでかもしれません。また、同じ人であっても、相手との関係性によってその匙加減《さじかげん》は変わってきて「どうしても気づいてほしい」と本当に思ったならば、表現はどんどん直接的になるとも聞きます。

こうした柔軟性と申しますか、巧《たく》みな〝戦略的あいまいさ〟とでもいうべき何物かを、縦横無尽に使いこなし、コミュニケーションを高解像度でこなすことのできるすごい人たち——それが、ずっと私が京都人に抱いているイメージでした。

私は、コミュニケーション巧者《こうしゃ》である京都の人に対するとき、憧《あこが》れと畏怖《いふ》の気持ちの入り交じった感情が自然と沸き起こるような感じがします。毎回京都に行くたびに、生粋《きっすい》の京都の方にお目にかかるとなると、肌にぴっと電気が走るような感じを覚えます。

あまりにも仰ぎ見すぎだと言われるかもしれません。このような見方が正しいのかどうか、また、本書でご紹介していくような京都、そして脳科学から見た京都が、リアルな京都を反映しているのかどうかは、お近くにいらっしゃる生粋の京都の中の人(いわゆる〝洛中《らくちゅう》〟の人)に聞いてみていただき、本書の是非を論じていただきたいと思います。

また、実際に京都の中の人からの忌憚《きたん》のないご意見も、ぜひお寄せいただきたいとも思います。皆さんのお力を得て、より強力に本書をバージョンアップさせていくことがかないましたならば、たいへんうれしく思います。

このように仰ぎ見る気持ちが強すぎるからでしょうか、私が実際に京都の方にお目にかかると、いやいやそんなに気にしすぎないでもいいのだと、慰《なぐさ》め（？）の言葉もいただきます。これも中の人にお聞きした話ですが、「アメリカ人」が「何でも褒《ほ》める人」の代表例（もちろん比喩《ひゆ》ですが）として、ときどきイケズの言い回しの中に登場することがあるそうです。

京都風の感じ方、解釈の仕方でいくと、「あの人らは大げさに褒めてくる。けど、表現がすごすぎて、本当に褒められてるのとは違うと感じる」のだそうです。実は、当のアメリカ人たちも、それは十分承知しているというフシもあります。

やや本筋からは外れますが、バークレーに、中野自身がかつて家庭教師をしていた女の子が大学院で留学をしたので、遊びに行ったことがありました。楽しそうなところに留学できてよかったね、と言うと、彼女は、意外と、みんな外では明るく振る舞っていても、実際にはうつになる人は多いんですと言いました。明るい土地のようなのだけれど、これは、明るく振る舞わなければならないということでもあるのだと。

大げさにポジティブに喜びや感動を表現する必要があるという圧が強くて、かえって本音が伝わらない、疲れてしまう、人間に会う気力がなくなっていってしまうと。

そう聞いて、言葉の上ではポジティブに、明るく、仲間を褒めているようだけれど、本当のコミュニケーションに至るには、その分厚い表層のポジティブの殻を突き破らなければ、やり取りができないんだね、本当に褒めているかどうかが分からないから、かえってリテラシーが必要で人間関係に疲れてしまうのかもね、という話をしました。

ポジティブ心理学が、心理学者のマーティン・セリグマンらを旗手として多くの人に知られるようになってからしばらく経《た》ちます。心理学がかつては、病や人間のネガティブな側面を扱うものだとされてきたことへのカウンターとしてセリグマンがポジティブ心理学を唱え始めたことには、一定の評価があります。が、一方で、どこか欺《ぎ》瞞的《まんてき》になり、心からポジティブになれないのは自分がダメな人間だからに違いないと、自分を責めてしまう傾向を強める懸念があるということを、やはり心理学者のバーバラ・ヘルドは訴えています。

ポジティブであることの価値を周囲が称賛していればしているほど、ただ落ち込んでいるというだけのことが、自身を苛《さいな》む棘《とげ》に変化してしまいます。苦しいときでも笑うことを求めるポジティブ心理学の輝きの陰で、それができない自分はダメな人間だ、楽観的になれない自分は劣った人間だと、吐露《とろ》できない苦しさを抱えたまま、表向きには笑っていなければならないという状況に陥ってしまいます。

イヤなことを言われたりされたりしても、ポジティブであれ、スルーして明るく振る舞えばあなたのもとに陰はやってこない……自然なネガティブさを否定する環境の中では、かえって人間は病んでしまうというのです。

不快なことを見聞きすれば不愉快ですし、イヤなことをされたら気分が悪いのは当たり前のこと。その当たり前のことを、無視したり、抑圧したりして、なかったことにするのではなく、「エレガントな毒」として昇華しながら、自分の心も相手との関係性も大切にマイルドに扱っていこうという知恵が、京都人たちのイケズの中にはあるように思います。

私自身は少なく見積もっても5世代は江戸に住んでいる家の人間で、遠回しなコミュニケーションというものに慣れる機会もまったくなく、そういったやり方を学べるような先生もおらず、ここまで育ってきてしまいました。ストレートで四角四面な物言いにしか触れてきていないということは、傷つき傷つけ合いながらの人間関係を生きてくるということでもあり、それはそれでしんどいものです。また、どうしてもごつごつと不格好なやり取りになりますから、どう見てもあまりエレガントではありません。

相手の気持ちを察しなければならない、という圧とは長い間無縁で、そこには無頓《むとん》着《ちゃく》できてしまい、楽をしてしまった結果、かえって損をしているのかもしれないとも思います。自分の言い回しがときに単刀直入すぎるということを大人になってようやく知るようになり、反省しなければならないことも少なからずあり、どうにかして含みのあるコミュニケーションを身につけることができまいかと悩みました。

そんな折、初めて京都の人の言い回しはこうだよということを微《び》に入《い》り細《さい》にわたり解説して教えてもらい、それはたしかに、いわゆるイケズというものではあったのですが、むしろ、ああ自分に足りなかったものはこれだと、感動するような思いにもなったのです。

深淵をのぞくような気持ちになるのは、これが、人間の深淵をのぞくことと同じだからなのかもしれません。京都のコミュニケーションは、人間の深淵をのぞき続けて、なお、人間と対峙《たいじ》し続けなければならなかった土地に住まう人々が生み出してきた知恵の結晶でもあるのだと思います。

イケズというのはその相手の言語リテラシー、言語の運用レベルを知るための物差しなのだそうです。最初に小手調べでイケズを投げかけてみることで、その人がどれだけイケズを察知できるのか、はたまたあまり気にしないでスルーしてしまうタイプなのかを確認するといいます。そんな、踏み絵としての役割もあると聞くと、部外者である東京人からすると余計に緊張してしまうような気もするのですが……。私などはこういった学習は遅いほうですから、もはや思い切って、東京人ですということを表に出して開き直るしかないのかもしれません。

ただ、その踏み絵的なテストで、ああ、この人は東京の人なんやね、ということが分かるのは基本的にはお互いにメリットが大きいのだとも言われました。相手がどのレベルにいる人かが分かっていれば、そのあとはもう「よそさん」としてお付き合いすればよいのです。ストレスを感じながら、密な関係を互いに無理をして維持するよりも、適度な距離感で気楽に気持ちよくお付き合いができるということのほうが、ずっと大切ではないか――たしかに私もそう思います。

現代にあってよく見かける「本音が大事」という、実はあまり根拠のない、相手を打ち負かす快感をほとんど自制することなくただ追い求めるような世間の風潮に、一石を投じることを試みてみたいなという気持ちもありました。

上手に言葉を使い、自分も相手も大切にして、エレガントに毒を吐きながら輻輳的《ふくそうてき》で豊かなコミュニケーションをとる方法を、昔から育ててきたのが京都という土地ではないでしょうか。その一端を、一緒に学び、考察して、少しでもよりよいコミュニケーションに役立てていくことができましたら、これほどうれしいことはありません。

もくじ

1章 NOを言わずにNOを伝えるコミュニケーションが今こそ必要な理由

2章 ［シチュエーション別］エレガントな毒の吐き方を京都人に聞きました

3章 「困った」「イヤだ」を賢く伝える7＋3のレッスン

5章 ブラックマヨネーズに聞く！ 京都人の驚異の言語センスと笑い

1章

NOを言わずにNOを伝えるコミュニケーションが今こそ必要な理由

あれこれ考えてしまって、
自分の気持ちを言えないあなたへ

ちょっとした「イヤな気持ち」、どうしてますか?

上司が事あるごとにハラスメントぎりぎりの、人を傷つけるようなことを言ってくる。仕事内容に不満はないのに、それで職場がイヤになってしまう。

妻/夫がいつも上から目線。自分さえ我慢すれば家庭円満、とできるだけスルーしているが、くつろぎの場であるはずの家がこの先、毎日これかと思うと正直しんどい。

取引先の人がしつこくマウントをとりたがるタイプ。波風立てずにやり過ごすのも仕事のうち、と思ってはいても、やはりきつい。先輩たちが築いてきた取引先との関係を壊したくはないが、同じことが何年続くのか、ずっとこの人とのやり取りに耐えなきゃならないのかと想像すると、絶望的な気持ちに。

どれも、あまり気持ちがいいとはいえないシチュエーションですよね。イヤだけど、簡単には逃げられない。自分さえ我慢すれば、とつい思ってしまいがちな状況です。

逃げられるものなら逃げたい。
できればそんな関係は切ってしまいたい。
もしくは、スカッと相手をやり込められたらどんなにいいだろう。
そんな風に、誰でも一度は思ったことがあるのではないでしょうか。

でも、もし、本当に相手をやり込めてしまったとしたら。
仕事を失ってしまうのでは……。

家庭がぎくしゃくしてしまうかも、そうしたら子どもはどうなるか……。
自分の一言で取引先との関係が消滅してしまうリスクが……。
などなど、あれこれ考えてしまって、きっぱりとした態度をとるのは案外難しいのではないかと思います。

とはいえ、我慢し続けるのも、もうつらい……。

この本に興味を持ち、手に取られた方の中には、こんな状況をどうにかしたい、と思い悩んでいらっしゃる方が実は結構いらっしゃるのではないかと思います。

心やさしく、繊細で思慮深いあなたは、「自分さえ我慢すれば」「これまでどおり波風の立たない平穏な日常が一番だ」と、我慢することが習慣のように身についておいででしょう。みんなのために、また、将来のために我慢すること、忍耐することは、とても美しいことだと日本では教育されてきますし、もちろん、わが国の文化でも長い間、これらは美徳とされてきたことでした。

ただ、「いつまでこのもやもやが続くのだろう」とつらい気持ちを抱えているのに、ひたすら耐えるという以外の方法を知らないのは、どうでしょうか。ほかの選択肢を取り得るのだと知っているだけで、ずいぶん楽になるのでは？　知らないだけで、もしかしたら、とても損をしてしまっているのかもしれないのです。

人生の長さは無限ではありません。

長くても100年ちょっとしかない、有限の時間です。

本当に限られたあなたのかけがえのない時間なのですから、そのうち、数％であっても、我慢して不本意な状態で過ごさなければならないとしたら、その時間は、本当にもったいないことになってしまっているのではないでしょうか。

どうせなら、できるだけ気持ちよく過ごしたい――それが、ほとんど人類共通といってよい、大多数の人々の願いだろうと思います。

もちろん、耐えるという選択肢が悪いわけではありません。それは、誰にとっても自由なのです。ただ、つらい気持ちを抱えながら、ひたすら耐えているうちに、その気持ちがなくなることはおそらく稀《まれ》でしょう。耐えている間に、むしろ相手に対する悪意が強まってしまい、それが耐え難い水準にまで達してしまうリスクのほうが高いのではないでしょうか？

しばしば「〇〇デスノート」であったり「しねばいいのに」などという言い回しを、インターネット上でも見かけることがあります。本当に相手を刺してしまったり毒を盛ってしまったりするよりはずっと、こうやって陰でガス抜きするほうがマシかもしれない。けれど、そうしてみたところで、その相手がいい方向に変わってくれる望みは薄く、自分が虐《しいた》げられている構造が改善されるわけでもなく、気持ちの中に澱《よど》んでいく恨《うら》みつらみはつのったまま、ついに消えないことでしょう。

そうした悪意を抱えて過ごさなければならないのは、自分自身の健康にとってもあまりいいこととはいえません。そしてそれは、あなたにとって、やはりもったいない時間になってしまうのではないでしょうか。

「あいまいさ」を賢く戦略的に使いこなす

これまでに私は、相手に対してははっきりとものを言おう、ということを勧める本をいくつか書いてきています。好評をいただく一方で、そうしたいけれども現実的には難しい……という声も届いています。

たしかに、状況によっては難しいですよね。自分も、我慢してしまうときももちろんあります。逃げられない場合にはどうしたらいいのか、そういった声に応える方法をどうにかご提案できないか、とあれこれ考えていた矢先、京都出身のある方が、こんなことを言っていたのを耳にしました。言葉そのままではありませんが、趣意はこのような内容でした。

京都人が、相手に分からないように嫌みを言うのは、防衛手段なのだ。
嫌みだと分かる相手には自省を促し、分からない相手は嘲笑の対象にするという方法で、自分たちこそが評価の基準だという構造をつくっておく。相手が権力者であったり抗《あらが》えない武力を持っていたりする場合に備え、いざというときには言い逃れできるように、必ず、少なくとも二重の意味にしておく。

京都は長らく日本の都であり、どんなに人を遠ざけようとしても、どうしても人が集まってきてしまう、誘引力のある土地であり続けた。ときには、戦乱など好ましくないものをもたらす人たちも、その中には含まれていた。そんな土地にあっては、次に誰が権力を持つかも分からない。だから、どこにも敵をつくらず、誰とも仲良くしすぎない、というのは生き延びていく上での基本だった。そうやって編み出されてきたのが京都風の言い回しなのだ……。

なるほどと、膝を打ちました。

自分の心に無理をさせず、相手からのリベンジを誘わず、しかもいつでも逃げられるように準備しておく。

難しいシチュエーションの中で何百年もかけて洗練されてきたコミュニケーションはやはり、一味もふた味も違うと思いました。科学的な理論よりも、常に現実のほうが先にある、とはずっと考えてきたのですが、本当にその通りなのだな、と改めて感じた瞬間でもありました。

分かる相手にしか分からないように、エレガントに毒を吐く。

この方法は、脳科学や行動科学などの知見に照らしてみても理にかなったもので、多くの人が今こそ学ぶべき知恵の結晶なのではないでしょうか。

コミュニケーションも関係性も「その場限り」ではない、だから…

イヤな相手をやみくもに切って捨ててしまうよりずっと、エレガントに毒を吐くほうが人脈や人間関係という意味で広がりもあります。

社会状況は変化し続けており、それに伴って、イヤだった相手との立ち位置も変わっていくというのがこの世の中の常でしょう。

立ち位置が変化した、まさにそのとき、切らずに、あいまいな形で塩漬けにしておいた相手との関係を、何事もなかったかのように復活させ、良好な関係としてコストもリスクも最小限に抑えた形で再構築できるというのは、このコミュニケーション方法の大きな強みです。

お互いにお互いが持っていないところ、足りないものなどを提供し合って、どちらもが得をするwin-winの関係を、「互恵関係」ということがあります。この関係を上手に築くことができるのが、人付き合いのうまい人、ということになるでしょう。

とはいえなぜか、残念な私たち人間の脳は、互恵関係を築く前に、相手に対して勝とうだとか、競ったりだとかを優先してしまいます。互恵関係を築くメリットよりも、勝って相手をノックアウトする気持ちよさのほうが、脳の中では勝ってしまうのです。

もちろん、そういった性質を持っていることにも意味はあるのですが、その説明は4章に回すことにしましょう。

そんな性質を持っている私たちの本質的な業《ごう》と呼ぶべきものを、私たちはついよくないものだとして抑え込んだり、あるいは逆にガンガン肯定して相手に自分の価値を思い知らせてやるべきだ！　などと短絡的に扱ってしまいがちです。

けれども、京都式のすごいところは、それを抑え込みもせず、しかも相手に直《ただ》ちにイヤな思いをさせるわけでもなく、実にエレガントに対処するというところです。


たとえば、隣の家の植木が自分の家の庭にはみ出してきちゃったけれど、お隣さんはどうも気づいていないようだ。もしかしたら、気づいていないふりをしているのかもしれない。


そんなとき、あなたならどうしますか？

京都の人に聞くと、こんな場合に「はみ出していますよ」とは言わない。よく茂っていますね、というような言い方を選ぶのだといいます。「こんなに元気に育って、いつもよく手入れされてるんでしょうねえ」など。

慣れていないと、この言い方が不満や嫌みだとは、ちょっと気づきにくいかもしれません。でも、よく考えれば分かる。あれ？　手入れしているわけじゃないけど、なんだろう？　と違和感を持つように。そして、こちらはそこに注意を向けている、ということを、鋭い言葉を使うわけでなく伝えられるように。

この違和感をスルーしてしまうような人は、「田舎者」であるとして京都人は嘲笑のネタにするというやり方で留飲《りゅういん》を下げるのだそうです。でも別に実害があるわけではない。とても賢い方法ではないでしょうか？

違和感に気づく人には、「ああ、『手入れ』はしていなかった。そのことを気にされてこんなことをおっしゃるのだ」と思ってもらえる。

こういう言い方ができるというのを、私たちは知性と呼ぶのかもしれません。生まれつきこのような能力にめぐまれた人もいるでしょうけれども、言語能力は、生まれながらの素質よりも、環境要因や学習によって身につく部分のほうが大きいのです。

ただ、私たちには残念ながらこれを学習するための教科書がありません。人生経験の中で、幸運なことにそういう人に出会うことができたなら、教えてもらえる可能性があります。けれど、出会うことができなかった人は、いくら素質があっても、トレーニングする機会が得られません。

たとえていえば、器だけは大きくても、入れる水がない状態です。その水は、京都にはあるのかもしれない。けれど、東京にはどうもなさそうです。少なくとも私の周りには、ありませんでした。

本書は、十分でも完璧でもないと思いますが、これまでにあまり書かれることのなかった、京都式のコミュニケーションのすごさを少しでもひもとき、そのよさを多くの人が享受できるようにという思いから、書かれたものです。

NOを言「え」ない vs. NOを言「わ」ない

日本人と「NO」

1980年代の終わりに出版されたものですが、『「NO」と言える日本』（盛田昭夫、石原慎太郎著）という本が話題になったことがあります。対米貿易摩擦などをテーマとした、主としてアメリカを相手にした交渉の場面で、日本はどうして言葉をあいまいに濁し、きっぱりNOと言えないのか、という問題提起への一つの回答といえるものです。

どうしてこの本が賛否を巻き起こしたのかについては本書では詳しくは触れませんが、多くの日本人が持つ複雑な胸中をすっきりさせる役割を果たしたという側面があったと分析できるでしょう。

出版されて話題になった当時は、欧米白人相手のビジネスシーンでNOと言いまくる人が増えて、逆に「日本人は話の通じない奇妙な人たちだ」と思われたようだ、という笑えない話をアメリカ在住歴の長い日本人から聞いたことがあります。

この話の真偽はともかくとして、「私たちは『NOを言えない』と思われて舐《な》められてしまう恐れがあるから、とりあえずNOと言わなければ！」とかえって焦ってしまうというのも、むしろ日本人の特徴らしいことだと見なされてしまいそうではあります。冷静に読めば一定の学びがあるものでも、舐められて不利益を被《こうむ》るかも、という不安が先に立ってしまうと、自分なりに咀嚼《そしゃく》して適用することができないまま、表面的な部分だけを拙速に取り込んで、「NO」一本やりで通してしまう……そんな現象は、しばしば起こってしまうものなのかもしれません。

21世紀を5分の1ほどすぎた現在でも、NOを言える人はたしかに、日本には少ないかもしれません。もちろん、日本人相手にならば、当時よりも言える人は格段に増えたのではないかと思います。「論破」が周期的に話題になりますし、相手をすっきりと論破できる人はとても人気があります。

けれども、当時と同じように、英語しか話さない白人相手にはどうでしょう。自分は頭がいいはずだと信じている日本のえらい人でさえ、金髪で白い肌で背が高く上等なスーツを着こなした男性や、同じく金髪で白い肌で美しい女性を目の前にすると、その人の肩書を見る前に態度が変わってしまう例がまだまだ多いように見受けられます。日本人（もしくは、アジア人）に対しては自信たっぷりに居丈高に振る舞うことができるのに、英語しか話さない白人相手には、奇妙な愛想笑いを浮かべ、声の調子さえも変わってしまう、といった人が、どうも少なくはないような……。

私の周りだけだと思いたいのですが、皆さんの周囲では、いかがでしょうか。

「いいえ」はいつ使われるか

ポスドクでヨーロッパの研究所にいたとき、研究所には各国の人が集まっていたので、それぞれの国の言葉でYESとNOは何と言うのか？　という話題がコーヒータイムに出たことがありました。
私は、私の番のときに、日本語ではこう言うよ、といって「はい」と「いいえ」を教えました。けれど、とっさに、ああこれだけでは現実の運用面では正しくない、みんなが日本に来たときにちょっと間違えてしまうかもと感じ、使うときには気をつけないといけないんだよ、と言って次のような注釈をつけました。

私たちは、「はい」は結構な頻度で使うけれど、「いいえ」はめったに使わない。辞書には載っているのだけれど、自分はほとんど使わない。実際の場面で使ったとすると、とても強い響きを持ってしまって、人間関係を壊すかもしれない。

研究室の皆はどよめきました。自分でも、よくその場で思いついてこんなことをとっさに言えたものだな、と思うのですが、あとからよく考えてみてもそう言っておいてよかったなと思うのです。
私たちは、いいえ、という単語を使うことは日常的な場面ではあまりありません。

英語のNOほど耳にしないと思います。「いえ」や「いえいえ」や「違います」ならまだしも、質問に対して「いいえ」と答えるのはアンケートかクイズのとき、もしくはかなりかしこまった場面できっぱりとした返答が求められたときくらいでしょう。

ひょっとしたら、身近で目下の相手になら、NOを意味する言葉をより頻繁に使っているかもしれませんね。たとえば、子どもや、年下のきょうだい、自分が教えたり育てたりしなければならない人が相手のときです。

けれどもこのとき、NOの意味で使われるのは、いいえ、ではなく、「だめ！」とか「いけません」とか、あるいは「いい加減にしなさい!!」とかいった言葉ではないでしょうか。種類がある、というのは、それだけ、表現に工夫をしなければならない事柄だ、ということでもあるでしょう。

いいえ、が使われるのは、ある程度礼節を保つ必要のある、丁寧語や尊敬語、謙譲語を使うような間柄の人に対してです。そして、そのような距離のある人に対しては、私たちはNOを意味する単語を使うことがあまり許されていません。明文化されているようなルールではありませんが、誰もが口にはせずとも事実上禁止されている。そういう文化の中で、私たちは私たちの言語空間を構築してきたのです。

ねえ、そうしたら、NOって言いたい場合は、どうするの？　ともちろん聞かれました。日本人はNOを使わない人たちだと言われたら、それはびっくりしますよね。どうやって否定の意思を伝えるのだと。私は、こう答えました。

「NOと言いたい場合は、私たちは、黙るんだよ」

さらにどよめきが起こりました。説明を私は続けました。日本人にとって、沈黙は沈黙ではなく、意味を持った空白の時間なのだと。「何もない」というのは本当にそこに何もないのではなく、空《くう》の概念のように「『何もない』ということがある」のです。

「沈黙」が持つ粋《いき》とニュアンス

ただ、この空白は、否定、不満、不快、抵抗を表すのと同時に、言葉にならないささやかな満足、幸せ、感動、快を表すこともあれば、本当にただただ話すことが何もない、ということもあります。だからこそ、沈黙が相手を不安にさせることはあっても、最後まで追いつめて傷つけてしまうような衝撃がやわらげられるものなのです。

その包含する意味を何によって知るのか、沈黙はどのように峻別《しゅんべつ》するのか、という質問もありましたが、もちろん声の調子、表情、人間関係などを手掛かりにして察するのだ、という私たちの日常ありのままを伝えました。すべてを言葉で伝え切るのは、ちょっと格好悪い、粋《いき》でない、と思われてしまいかねないということも。

なんというハイコンテクストな文化だ、と一同は嘆息《たんそく》しました。

それはそうでしょう。多民族が行き交う広いヨーロッパの平原で、沈黙の意味がそれぞれ異なるような集団同士では、沈黙がコミュニケーションになることはかなり考ないえにくいからです（余談ですが、研究所でも実際、黙っていると本当に何も考えていない人という扱いを受けるリスクがありました）。

本書を執筆するにあたって、これらのことを、日本に20年以上住み、日本語が堪能で、日本人が大多数の職場で仕事をしているアメリカ人の友人にも確認してみました。日本人が「いいえ」を使っている場面を見たことがあるかどうかについてです。

即座に返事が来ました。ないね、と。たしかに、アメリカ人はNOをカジュアルに使い、軽快で合理的なコミュニケーションを選択してきた。アメリカ人はアメリカ人なりに忖度《そんたく》したり、遠回しに言ったりということはもちろんあるけれど、やはり一方で、日本人は本当に「いいえ」を使わない。ほとんど死語だ。いいえの代わりに使う言葉は「難しい」「厳しい」「検討する」「また今度」「いつかね」「行けたら行く」など、ものすごいバリエーションがあると。

ちなみに、このアメリカ人とはデーブ・スペクターさんのことです。

私たちは、NOを言えないというより、NOをあえて言わないコミュニケーションを古来、選択してきたのではないでしょうか。

NOを言わずに伝える方法を何とかして見つけ出し、工夫してきた。それが、最も洗練された形で息づいているのが京都の文化ではないかと思うのです。

「京都のコミュニケーション」を今こそおすすめしたい理由

「本音を言い合う仲」は本当に最上か

日本の中でも地域によって沈黙や間合い、婉曲《えんきょく》な言い回しを大切にする度合いには差があります。東京圏は、日本の人口の3分の1が集まる地域で首都圏ではあるのですが、日本の伝統的な言語コミュニケーションを代表する場所かというとそうは言い切れないところがあるかもしれません。

東京の前身であった江戸は、18世紀には日本各地から人が集まる世界最大の都市に成長していきました。これは、複数の異なるコンテクスト（暗黙の了解事項）を持つ人たちが急速に流入してきた、流動性の高い社会だったということを意味します。出自がさまざまで、文化的な背景も異なる人々が一つのところに集まるという観点からは、コミュニケーションのあり方としては文化の中心地であった上方《かみがた》の様式と比べてより直接的な、アメリカ型に近いものが選択されたことでしょう。

言わない、という選択がなかなかとりづらい社会的な構造があったと考えられます。

現代のインターネット社会でも、本音を言うのが正義といったような、論破するのが最上といった雰囲気が形成されてきました。

けれども、論破してしまったらその人との関係はそこで終わりになってしまうかもしれない。終わりになってしまったら、論破したそのときは気持ちよくとも、結構損をしてしまうことがあり得る。そういったことを、私たちはもう1回見直して、論破する前にもうちょっと考えてみる必要があるのではないでしょうか。

はじめから論破する相手として見てしまうのではなく、その人から引き出せるもっといいものがあるかもしれない。そのコミュニケーション方法を学ぶ機会が、現代の私たちには乏しいように思えるのです。

「毒」までも「エレガント」にすることで生まれる価値

一方、江戸と対比して考えると京都では、たとえば家同士でも300年ぐらいお隣さんですね、といったことがあり得る環境です。江戸／東京ではちょっと考えにくい。しかし、300年もずっと隣同士でいるとなると、これはトラブルが起きたら大変なことになるわけです。

そういうところでは、本当は不満があって、困っていて、イヤだなと思っていても、それを相手の気持ちに火をつけてしまうことなく、うまく伝える方法が必須になります。そういったところで磨かれたコミュニケーションが、あの独特のエレガントな方法ではないでしょうか。

個人的な感想ではありますが、江戸／東京にずっと長くいた家に生まれた私から見ると、いかに内容そのものが毒であったとしても、やはりその伝え方は洗練されていて、アートを感じさせ、憧れの気持ちが生まれます。

もちろん、京都人は京都人で言い分があると思います。本来ならば、本書のような内容は京都人に書いていただかねばならないというのが筋でもあるでしょう。しかし、完全に部外者の私が、よそから見て、だからこそ分析できるという要素も、意外にあるのではないだろうかとも思うのです。

近しい相手への嫌みこそ、隠すくらいがちょうどいい

放っておいても自然に解消されることのない問題を、どのようにいなしていくのか。これはやはり外交の知恵といったものにもつながっていくところでもあるでしょう。なぜなら、家ならばいざ知らず、国そのものはよほどのことをしない限り、どこか別の場所に引っ越すということは不可能だからです。

私たち日本人にとっては、今現在ある周辺諸国、東アジアの国同士の関係が最も関心の高いところだとは思いますが、ヨーロッパでも、南米でも、隣り合っている国は

なにかしらの紛争を抱えているところが多く、どこでも仲が非常に良好とはいえない状態にあるのが常です。これは今がそうだというのではなく、歴史的にずっとそういう傾向があります。

南米の国同士の摩擦については耳にしたことのある人もいるかと思います。ヨーロッパでもフランスとドイツの仲の悪さは実際に見て驚きました。

研究所時代にドイツ人の同僚に、「ドイツの国歌はどんな感じなの？　歌ってよ」と言ったところ、彼は「ここはフランスだよ、僕、歌いにくいな……」と言うのです。それでも私が食い下がって「小さい声でどうかな？」と言うと、本当に蚊の鳴くような声でボソボソと歌うという、それくらい遠慮しなければならないほど歌いにくいようでした。第2次世界大戦の歴史がまだ記憶にあるということなのでしょう。いまだに、お互いにそういうわだかまりが残っているのか、と感じたことをとても印象的に覚えています。

隣国同士の間柄でこうしたことをできるだけ避けていくのには言葉のアートともい

うべき、言い回しの工夫が必要とされる場面ではないでしょうか。長期的に見たときに互いの心理的負荷をできるだけ下げ、互恵関係を結んでいけるようにするのには、常からの努力がいるということになります。まさに、破壊は一瞬、建設は死闘とまではいかずともたゆまぬ終わりのない努力、というのが、人と人との間柄ではないでしょうか。

レトリックという言葉はあまりいい意味で使われている単語ではないかもしれないですが、関係性を良好に保つためには非常に重要なものでもあります。

そこで、隠された嫌みが理解できるということが、ある種のステータスとして意味を持つわけです。嫌みが分かったなら分かるなりに、謝罪するなり改善するなりのコミュニケーションをとればいい。

分からなくても、それはそれでいいのです。「田舎者」とただ京都人（もしくは、より文化的に上位にあると自信を持っている側）に嘲笑されるだけで、そのほかには特に害もありませんから、致命的な衝突にまで発展する可能性はより抑えられることになるでしょう。

実は国際的な「本音を言わない伝え方」

毒の吐き方に見る知性

本書では分かりやすさを重視して「京都的なもの」という言い方で書いていくことにしていますが、実は、意外と世界のほかの地域にも、毒を吐くことを使うコミュニケーション方法が、伝統として見られることがあります。

興味深いな、と思うのはやはりイギリスでしょうか。

もちろん人によって熟達している人とそうでもない人がいはします。ですが、やはり上手だなと思うのは、教育レベルが高く、教養のある階層の人かもしれません。京都風のそれとはちょっと違いますが、ちょっと毒を含んだイギリス人のユーモアはたいへんおもしろく、世界的に人気があります。

もはや古典といっていいレベルであろうモンティ・パイソンは、メンバーのほとんどがオックスブリッジ卒という超高学歴ユニットです。

イギリス人は基本的には非常に礼儀正しいことで知られています。それなのに時折、相手を自虐に巻き込んだり、相手を怒らせるようなことをわざわざ言葉にしてその反応を楽しんだりするのは、その人と仲良くなりたいという気持ちの表れなのだといいます。

意地悪な意図がなくはないかもしれませんが、むしろ親しみや距離の近さを感じさせるものだと受け取ったほうがよさそうです。笑顔で謝罪の言葉なく投げかけられる言葉遊びは、相手に受け入れられた証《あかし》なのです。

たとえば私と親しくしているあるイギリス人は、日本人はよく魚を食べるね、という話題のときにこんな風に言いました。

「ミネラルたっぷりだもんね？　水銀《マーキュリー》とか」

さすがに親しい間柄でなくてはこんなことを言われたら相手は怒り出すかもしれません。彼は、私との距離感が親しい間柄のそれであることを前提として、しばしばこういうことを言うのです。

この人はオックスフォード大学を出ていて、国連の職員としてキャリアを積み、論文も発表し続けている、教養のない階層とは言えない人です。

ほかの例では、イギリス人が「お茶はカップに注ぐほうがいいですよね、湾じゃなくて」と言ったという話を聞いたことがあります。これはいわゆる世界史ジョークというもので、ボストン茶会事件のことを指しているんですね。アメリカに移住した人たちが、お茶を積んだイギリスの船を沈めて、アメリカ独立戦争のきっかけになったという有名な事件です。

それを踏まえて、茶は湾じゃなくてカップに入れるもの、と言ったわけです。「あ、まだこの話にこだわっているのか」という、ややブラックではあるけれどもちょっとおかしみがある。これも、日本の魚はマーキュリーがたっぷり入っているもんね、と同じ構造で、相手とより距離を縮めたいからやるようです。

違和感が育む「いい関係」

違った角度では、慇懃無礼《いんぎんぶれい》な、という言葉が日本語にもありますけれども、過剰にソフトに丁寧に振る舞うことが逆説的に不満の表現になっているというものもあります。

たとえば、めちゃくちゃに〝よいしょ〟するといったようなことがそれに当たるでしょう。第三者から見るとちょっとみっともないほど、そういうことをする。けれどもそこに、ほんの少しの毒を混ぜておく。すると違和感が生じるので、相手に「この人、分かってるかもしれない、侮《あなど》れないな」という感じを与えることができます。

女性は特に、男性に比べて体も小さく、声も高くて、現代は特に栄養状態もよく医療も発達しているので若く見られがちになりましたから、相手に対して威圧感を与えることが難しい。けれども、チクッとした一言を入れておき、相手から、「この人ちょっと侮れないな」という感じを持ってもらうことで、よりコミュニケーションとしては対等に、よいお付き合いができるでしょう。

ストレートに言うと嫌われてしまうようなシチュエーションでも、むしろ信頼してもらえるかもしれません。「この人はなかなかできる」と思ってもらえれば、そのあとの関係も良好に築くことができるのではないでしょうか。

また、ある方が資格試験に何度も落ちているというニュースが世間を沸かせたことがありました。そのことについて普通の人ならば、「能力や準備が、ひょっとしたら十分ではないのではないか」と言ったり意見を交わし合ったりするところでしょう。けれど、イギリスで育った私の友人は「Oh. Unfortunate」と言って、にやっと笑ったのです。これはちょっと京都の感じに近いのかもしれません。

シンプルに「不運でしたね」という意味ですが、何度も落ちているのだから、そんなに不運が続くわけがないことは誰にだって分かる。そもそも、試験とは基本的には実力をはかるためのもので、運で合否が決まるものではない、という誰もが知っている大前提もあります。

「本当は実力があるのにかわいそうにね」という言い方でありながら、いやいや、その言い方は、実力があるとは1ミリも思っていないやつですよね……ということが表情と合わせてあからさまに分かる。皮肉だということが誰にでも伝わる。

だけれども、言葉の上ではとても礼儀正しく、一見誰も傷つけない、たいへん上品な、含みのある言い方なのです。

ちなみに、unfortunateは中学校で習う単語です。現代の日本人ならば、ほとんどの人が分かるのではないでしょうか。

この言い回しはたいへん洗練されていて、なるほどすごい、言葉の運用というのは文化水準の反映でもあるのかもしれない、と刺激を受けました。

こういうものを経験してしまうと、「嫌みを言われているな」とたとえ思ったとしても、むしろ新鮮な驚きとおかしみを感じた楽しさが先に立ってしまう。感じ方には個人差はあるかもしれませんが、少なくとも客観的に見れば、小気味よく、気持ちよさすら感じられるものではないでしょうか。もちろん、腹が立つ方も中にはおいでになるだろうとは思いますが……、とはいえ、直接的に嫌みを言われるよりずっと知的でおもしろいものではあるでしょう。

「エレガントな毒」が持つポジティブなネガティブさ

この、ネガティブな何かをおもしろい嫌みに変える技術――これをイケズというのかもしれませんが――を、どうにかして身につける方法がないものでしょうか。

学校ではなかなか教えられるものではありません。しかし、こういった方法を多少なりとも身につけておくだけで、これは一生使えるすばらしい技術になり得ます。

イヤなことを指摘したり指摘されたりするのは、人間生きている限り誰しもがしなければならないことです。けれど、ぶさいくに直接ストレートに何の工夫もなく伝えるより、におわせながら「そこ、実は自分も気になってましたわ」と相手に思ってもらえるように、上手に伝え合っていけるのは、双方が無駄な争いをせずに済み、より得をするための重要なスキルといえるでしょう。

また「この人は、私と関係を切ってしまいたいわけではないんだな」ということが間接的に伝わるという点から考えても、このコミュニケーションにはメリットが多いのです。

ああ、少なくとも、やんわりと伝えてくれるということは、私にイヤな風には思ってほしくないんですよね、もっと良好な関係で長くお付き合いしたいということですよね、という解釈ができるのです。

本当に関係を切ってしまいたいのであれば、ただ何も言わず連絡を途切れさせてしまえばそれで済むことです。実際にそういう場面も、多くの人はご覧になったことがあるのではありませんか。しばしば使われるのは「またこちらから連絡しますね」という言い回しです。

脳は調和よりも論破を好むようにできている

誰もが持つ「打ち負かしたい」「論破したい」欲求

相手と良好な関係を長続きさせるよりも、論破したり、打ち負かしたりすることに喜びを感じがちな人間の脳の性質をどう制御するかは大きな課題です。人間の性質というよりは、ある程度の社会性を持つ生物全般の性質といえます。

この性質は言い換えれば、ヒエラルキーのある構造を持った集団をつくる生物の性質かもしれません。たとえば犬はその代表格になるでしょうし、集団の中につつき順位があるニワトリもそうです。もちろん霊長類もそうです。

そういった構造を持つ集団の中にあって、ボスになりたい、ほかの個体よりも上の位置に立ちたいという欲求が生じるのは、生き物にとっては自然なことでしょう。ヒエラルキーで上位にあるほうがいい扱いを受け、取り分も多くなり、より遺伝子を多く残せる確率が高くなるからです。多くの個体がそっちを目指すというのは分からない話ではないでしょう。

複雑な社会性（集団同士のぶつかり合いや、集団内部に生じる局所構造としての小集団）を考慮せずに済むのなら、これを目指さないことのほうがむしろ不自然かもしれません。

ただ、この欲求の強さは、男性ホルモンが介在することでより強くなるのではないかということがいわれています。女性でも男性ホルモンは分泌されていることが分かっていますが、その濃度の高い個体のほうが、上昇志向的な欲求が強いという傾向があるようです。

男性と女性で性差があるのは、生殖に関わる構造の非対称によるものと考えられ、女性は女性同士の協力の重要度がより高いために、上昇志向があまり高すぎないほうがより生存適応的であるからだろうと考えられます。

このことからも示唆されることではありますが、相手にその場限り勝つという戦略が必ずしも得にならないというのは、人類では頻繁に起こるようになりました。集団のサイズが大きくなったために、集団内部に生じる局所構造としての小集団という下位構造や、それらのぶつかり合い、また他集団との行き来を考慮しなければならなくなったからです。

「一度きりの勝利」よりも大切なこと

一度きり勝つことが、それほど得ではなくなった。そうなると、互恵関係を築ける能力というのが、相手に打ち勝つ能力よりも大事になってくるわけです。論破よりも、言葉をうまく使って相手を懐柔できることのほうがずっと重要になってきます。

とはいえ、人間はまだまだ進化の途中にあるか、または完璧にできあがったシステムで生きているわけではないといってもよい状態なのかもしれません。調和は大切なもので、自分も相手も得をするいい方法だと分かってはいても、そちらを選べる人は限られており、相手を打ち負かすほうをとっさに選んでしまう人もたくさんいるからです。

そうした小競り合いによって生じた不満は毎日少しずつ溜《た》まっていって、じわじわと自分自身の気持ちを蝕《むしば》んでいくでしょう。毒舌の芸能人や、論破王のような人、ドラマや小説・マンガなどでも理不尽な相手に仕返しをするようなストーリーに人気が集まるのも、理由のないことではないと思います。

自分ではできないことを代わりにやってくれて、その人に感情移入すると、疑似体験ではあってても瞬間的にスッとした気持ちを味わえるから、その人たちのことやそういったストーリーを見たくなるのも当然でしょう。これは現代が特殊だというわけではありません。

インターネットとソーシャルメディアが現代社会をおかしくしたと主張する人は巷《ちまた》に多いかもしれませんが、不都合なことを何でも新しいもののせいにするというのはやや安直にすぎ、たとえ本当にそうだったとしても現実的には何の問題解決にもつながりません。

どちらかといえば、この現象は古今東西どんな社会にも見られるものでしょう。大衆の怨嗟《えんさ》の声を代弁するヒーローは必ず支持されるといっても過言ではありません。「勧善懲悪」というむしろ古典的なパターンがいまだに厳然と息づいていることに静かな驚きを覚えないではありませんが、各国で支持されているのは「悪の××」にけなげに立ち向かう「俺たちの○○」という構造をつくるのに成功した人ばかりです。

ますます大きくなる「言葉の力」に翻弄されないために

もちろんそうしたやり方を否定するのではないのです。どう否定したところで私たちは打ち負かすやり方を捨てることはできないでしょう。けれど、そのやり方のほかに、もう一つ身につけてはどうか、という提案をしたいのです。

やはり、気をつけなくてはならないことは、文字の発明以来、記録が蓄積されるようになったというのが、私たち人類の中に大きな分断と衝突を生みかねない大きな要素としてあるからです。コンピューターができ、インターネットが構築された今となってはなおさらで、文字によって残される記録の量は膨大になりました。あのときあそこで何があった、ということが詳細に残る時代になりました。

しかも、それは、学者や特別なアクセス権を持った一部の人だけではなく、ほとんどすべての人がそのデータにアクセスできるのです。つまり、あのとき何があったということを、誰もが簡単に知ることができるようになった。

たとえば西欧史を例に出すと、誰かドイツの人が「かつてアルザス・ロレーヌ地方はわれわれのエルザス・ロートリンゲン地方だった、あそこはフランスに不当に占拠されているんだ」と言い始めて、実際にそれが大きな火になっていったとしたら、また領土紛争が起きかねない、ということだって想定できないわけではありません。旧ユーゴスラビアなどは本当にそういう要素が詰め込まれたような地域でもありました。火薬庫、と呼ばれたのも故なきことではないわけです。

そういう火種がいっぱいあるところで、「あのときあの戦いでどこそこ軍はわれわれに対してこんな残虐なことをした」という、データさえ残っていなければ全く忘れてしまっていたような何百年も前のことを、今まさに自分がその土地を奪われたかのように、リアルにまざまざと感じられたりしてしまう。これは、言葉の恐ろしいところでもあります。

感情が言語化されて、非常に長い間継承されるということは、言葉を使う際には私たちが普段思っているよりずっと気を遣わないといけない、ということでもあります。関係を断絶させてしまうよりも、仲間をまとめようとか、対立のあった相手であってもうまく融和させるような物言いとか、そういうものをもっと私たちはうまく使わないとならない。現代は、より記録が残ってしまう時代になったのだからなおさら、うまい使い方を覚えなければ危機的な状況になりかねない。エレガントに毒を吐く技術が、将来の危機を回避するかもしれないのです。

スカッと○○を目指した本ではありません！
——言わなくていい本音はいっぱいある

本音か、関係性か　大切なのはどっち？

この本は、イヤな相手にスカッと言い返す！　ための本では**ありません**。

実は、本書を執筆する前に、インターネットでアンケートをとりました。「難しいシチュエーションなのに、こんな風にやり取りしていてすごいな」と思ったこと、逆に「これはちょっと」と思ったことなどを総計250人の方に回答していただきました。ご協力くださった皆様、ありがとうございました。

ただその回答を見ていて、気になったことがありました。「難しいシチュエーションで、スカッと相手をやり込めた」という例を挙げた回答がそれなりの数、含まれていたのです。

スカッと相手をやり込める、というのは、相手を打ち負かしてそのあとのことを考えないということでもあります。もう二度と会わない人が相手であればいいかもしれませんが、それにしても逆恨みされて、何らかのリスクを負うということになりかねません。

これは自分自身の反省点でもありますが、私の家はずっと江戸、東京と続いてきているので、あまり婉曲に言うコミュニケーションをとる人が親族には少なく、やんわりと毒を使うというロールモデルが周りにおらず、こうした学習が十分にできてこなかったという後悔があります。そのようなこともあって、これらを学びたいという気持ちが強く、上手に言える人を見るたびに、「ああ、すごいな」と尊敬の念を持ってきました。

この「ああ、すごいな」の気持ちは、京都の人たちのコミュニケーションを見るたびに、特に強く感じたものでもありました。ああ、もし、私がこの人たちともっと小さいときに会っていて、よくやり取りをしていたなら、もっと私も上手に毒を使えるようになっただろうか、としばしば思ってきたのです。

言わなくてもいい本音、というのは、時には、言ってはいけないことでもあります。本当のことではあっても、言ってはいけないことがある。

どちらを優先するのか。本当のことを優先すると、しばしばそれは社会性に欠けた言動であると見なされることがあるのです。それを、東京の人は、ずいぶん大人になってから知るということも生じるわけです。

この社会性とはいったい何なのか。

これこそが、私にとっては最も関心の高いテーマであるのですが、社会性とは、自己だけでなく、数多くの他者と協働した形で適応的な生存戦略を目指すということだろうと思います。その戦略が最も発達しているのは、やはり、多くの人が集《つど》い、行き来し、定住した古い都の地域ということになろうかと思います。もちろん自分の本音は自分の中で大事にするけれども、それ以上に人間関係はもっと重要だということを理解して行動している人たちのコミュニティがそこにあるわけですよね。

世界的にも、古い都の地域で、京都に似たコミュニケーションがとられるという、たとえばフィレンツェのような都市が知られています。

これに対して江戸というのは比較的新しい都です。400年ほどの歴史がありますが、そのあとも、スクラップ・アンド・ビルドで、いろいろな人が流入し、サイズも非常に大きいので、実は人間同士のやり取りとしてはあまり密でないことも多い、そういった特徴のある地域です。

とはいえ濃淡はあり、同じ東京に住んでいても、たとえば世田谷区と江東区ではずいぶん違います。まあ同じ地域かといわれると、東京という名前だけは同じでも、地元に住んでいる人同士ではあまりそうは思えないのではないでしょうか。

そんな中で下町地域であれば人間関係を重視するという観点から醸成されてきたものの片鱗《へんりん》が残っていますけれども、京都のコミュニケーションの洗練の度合いとはもう比べものになりません。

長い人生、本音だって変わっていく

ここでもう一度確認しておかなければならないのは、言わなくていい本音はいっぱいある、ということです。本音を言って、傷つけ合うコミュニケーションをとることばかりが最善の方法ではないはずです。

もっといえば、本音そのものでさえ、変化していくこともあるのです。「あの人のこと、イヤな人だと思ってたけど、私の勘違いだったな」ということもあるでしょう。また、相手との関係性も、流動的に変化します。相手自体も年月を経て、さまざまな経験を重ねるうちに変わっていきます。

そうして、互いが変化したときに「やっぱりあのときに関係を切ってしまわなくてよかったな」「毒を直接ぶつけずに、いい顔をしておいてよかったな」と、後々思える。そういうメリットを享受できる方法を探っていくことを、この本では目指しています。

これは、洗練されたコミュニケーションとして、やはり大人が学ぶべき教養の一つであるのではないかと思うのです。東京に生まれ、科学の分野で育ってきてしまった、ストレートな言い方しか知らない自分のような人間から見れば、1000年の間、国の中心であり続けた京都は、その知恵が詰まっている宝箱のような場所のように感じられてなりません。

2章

［シチュエーション別］エレガントな毒の吐き方を京都人に聞きました

言いにくいことをエレガントに伝える具体的な方法

この章では、こんなとき、京都の人ならどうするか？　を見ていきます。

京都市在住の（できれば中京区《なかぎょうく》や祇園《ぎおん》に代々お住まいか、そういった方から直接このように言われた、などの経験を持つ）複数の方にお願いして、京都人が考える適切な言い回しをお聞きしたものをまとめました。

ありがちだけど、毎回困ってしまう、できれば遭遇したくはない、イヤなシチュエーションをピックアップしています。

拡散されたりして巷によく出回っているような典型的な言い回しの返答とどう違うのか、ぜひ比べてみてくださいね。

京都風の言い回しの特徴の基礎になる考え方がどういうものなのか、できるだけ具体例を集めてみましたが、もし皆さんが「これは」というものがあったらぜひ、編集部宛てにお寄せくださいますとうれしく思います。

クイズ形式にしてある項目では、「京都の人が話しそう」というイメージのあるフレーズだけれども実際にはそんなことを京都の人は言わないよとか、よく使われてしまっているけれども京都の人の基準からするとこれはよくないといった選択肢を、間違いとして混ぜています。対比してぜひ、京都人のエレガンスを一緒に感じていきましょう。

さっそく見てみましょう。

この章の読み方

アンケートで多く寄せられた4タイプの「困ったシチュエーション」について、京都人にアドバイスをいただいて作成しています。

Q1～13については、問題文と選択肢を読んで、「自分だったらどれを選ぶか」を考えてみてください。

その次のページでは、京都人ではない人が「自分ならこう答えます」と挙げた選択肢と、京都人のおすすめの選択肢を並べて掲載しています。その2つから、それぞれの言い回しが与える印象を見比べていただけたらと思います。


ここでおすすめしているのはあくまで、お話をうかがった京都の方ならこう答えるそうです、というもので、このシチュエーションにおける絶対的な正解ということではありません。

けれど、実際に考え、見比べていただくことで、この本でお話ししている「京都式」を実感いただけることでしょう。

また、実際にそのシチュエーションで困った場合に使える返し方事例集として活用していただけたらうれしく思います。

Q1

関係がそれほど深くない人から、無理な依頼をされて断りたい。どのように返す?

①「今、忙しいのでごめんなさい」

②「いいえ、うれしいですけどちょっと。もっと合っている方を探しましょうか」

③「けったいな人やなぁ」

中野（代々東京在住）だったらこう返しそう……

「待たせている人がたくさんいるから、ごめんなさい」

おすすめの返し方

②「いえ、うれしいですけどちょっと。もっと合っている方を探しましょうか」

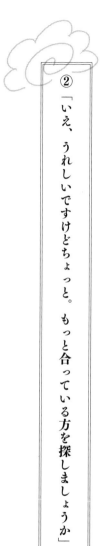

京都式の回答例　京都市に代々お住まいの女性に聞きました

「いや、うれしおすけど、うちにはちょっと。もっと上手にしはる方、探しまひょか？」

京都式の回答例2　京都市在住の80代女性に聞きました

「ちょっと考えさせてもろうて、かましまへんか。ちょうど今さっき、恩義のあるお人からお願いごとをされてしもてな。今、それで頭がいっぱいで考えられへん。お時間いただきたいんやわ。すんまへんなぁ」

京都式では「ちょっと」で濁した場合は基本、拒否を意味する。さらに、自分より適任者がいることを伝えて、相手からの依頼に応えるつもりがないことを伝える。イケズ度をより高くする場合には、「京都式の回答例2」のように、相手が自分にとって「恩義を感じるレベルの人ではない」ということも暗に遠回しに伝えられる言い方で。

「京都式の回答例2」は、言っていること自体は中野の回答とほとんど同じだが、言い回しに「考えさせて」が入っていて、相手に希望を持たせつつ、お時間をいただくというソフトランディングに持っていっているのがポイント。

Q　そこであきらめずにさらに踏み込まれたら？

京都式の回答例

「いや、かなんわぁ。けったいな人やなぁ。堪忍しとくれやす」

これは怒り・拒絶の最大限のアピール。「けったいな」は本来、「ちょっと変わった」くらいの意味ではあるが、ここでは「察しが悪い＝頭が悪い、失礼な人」くらいの最大級の侮蔑。ここで引かないと出禁レベル。

Q　依頼内容があまりにも理不尽な場合は？

「**ようう言わんわ**」と一言だけ言って、無視するケースもある。

Q2

来てほしくないお客さんから予約の電話が入り、断りたい。どう返す？

①「すみません、その日はあいにく予約でいっぱいで……」

②「責任者がいないので、分かりません」

③「ありがとうございます。また空いたときに、お電話しますね」

営業職Aさん（神奈川県出身）だったらこう断りそう……

「すみません、その日はもう埋まっていて」

おすすめの返し方

③「ありがとうございます。また空いたときに、お電話しますね」

京都式の回答例　京都市在住、かつご先祖もたどれる京都人の女性に聞きました

「おおきに。またええときにお電話させてもらいます」（と言って、電話は一生かけてこない）

①「すみません、その日はあいにく予約でいっぱいで……」と返した場合、再度予約をとろうとされる恐れがある。「こちらから電話する」と伝えることで、相手からの次のアクションを封じているのがポイント。

Q 一度は予約を受けたお客さんだが、もう二度と来てほしくない。それなのに支払いの段階で次の予約をしようとしてきたら？

京都式の回答例

「いや、かなわんわぁ。しっかりしたはるわ。堪忍しとくれやす」

これは怒り・拒絶の最大限のアピール。ここで引かないと出禁レベル。

Q3

使えない／使いたくないアイデアを提案されたので却下したい。どう返す？

①「ちょっといまいちですね」

②「おもしろいですねえ」

③「よさげやけど、うちには合わんね」

30代事務職Bさん（北海道出身）だったらこう言いそう……

「いい感じのアイデアですね。でも、ちょっと今回は合わないかもしれません」

おすすめの返し方

②「おもしろいですねえ」

京都式の回答例　祇園で代々商売をされている50代男性に聞きました

「それ、おもしろおすなあ」

特に理由も説明もなく「おもしろい」と言われたときは、「理解できない」「変だ」「頭が悪い」といったニュアンスが込められていることに気がつきたい。つまり、「おもしろいこと言わはる」＝「こちらとしては全く受け入れ難いことをおっしゃいますね」

ということ。類似の言葉としては「けったいな」なども使われる。

これらの言葉は、本当におもしろいとき、大笑いするときにも使われるのが、実は重要なポイント。

Q　理不尽な文句を言ってこられたときには？

京都式の回答例

「いやぁ、おもろいこと言わはるわぁ。けったいなひとやなぁ。なるほどそうどすか、そらえらいすんまへん。私ら不調法《ぶちょうほう》ですさかいによう分かりまへんけど、ええ勉強させてもらいました」

「おもしろい」と言ったあとに「でも私ら不調法でそんな高度なことは分からへんのですわ」といった言い回しで、ちょっと謙遜している風を装ってさらに突き放すことで、怒りがエレガントに表現されている。

無表情で静かに「けったいなことを言わはるな」というときには、相当怒っているので、言われたほうはそれを受け止めなければならない。

「お断り」の類似例

Q　寄付・慈善活動・入るつもりのない宗教に勧誘されて困っているときは？

京都式の回答例

「考えときます」

「3代前がそれで家をつぶしかけてまして」

「うちにはもったいないお話で」

Q　習い事をやめたい、サークルを脱退したいときは？

京都式の回答例

「しばらく休ませてもらいます」

京都人にこれを言われたら、「いつまでですか？」「いつから来られますか？」などと聞いてはいけない。

Q
「これ買ってきて」「これやっといて」「これ送って」とパシリ扱いされそうになったら？

京都式の回答例

「おねだり上手やなあ、○○かと思たわ」（※○○のところはお姫様、お嬢様イメージの具体名を入れる。例：パリス・ヒルトンなど）

「そんな体、ふたつもみっつもあらへんわ」

「この仕事（現在進行中の分）がお留守になりますわ」

「かえって遅なりますえ」

「今からでしたら明日になりますえ」

Q
教えてあげる筋合いのない人から、「この情報をくれ」と要求されたら？

京都式の回答例

「そんなややこしこと、よう知りませんわ」

「聞いたこと、あらしませんなぁ」

Q4

忙しいのに、訪問客が長居して帰ってくれない。どう伝える？

①「このあと、用事があるんですよ」

②「さ、長いこと付き合わせちゃってすみません。お忙しいのにありがとう」

③「あんた、今日はぶぶ漬け狙ってはるんか？」

編集者Cさん（長野県出身）だったらこう言いそう……

「次があるので、そろそろ……」

おすすめの伝え方

②「さ、長いこと付き合わせちゃってすみません。お忙しいのにありがとう」

京都式の回答例　京都出身の祖父母を持つ都内在住40代男性に聞きました

「さ！　長いこと引っ張ってすんまへん。お忙しいのにおおきに。ほな！」

「さ！」と空気を一変させて、腰を上げるきっかけをつくる。あくまで相手へのおわびと感謝で、思いを伝える。これを言われたら「ずいぶん長居してもた、すんまへん帰りますわ」と腰を上げましょう。

ＬＩＮＥやチャットでも同様に使える。

Q　長電話をそろそろ切りたい。

京都式の回答例

「ほな、そういうことで」
「ほな、そうしまひょ」
「ほな、よろしゅうに」

「ほな」で会話を遮る。会話で「ほな」と言われたら、「話が長い」「もう話は結構」と言われていると考えていい。

Q5

マウンティングされて困っています。どう伝える？

①「どこをとってもすごいですね。もう仙人みたいです」

②「そういうの、ウザがられません？」

③「ところでこのお茶はおいしいですね」
（話題を変える）

事務職Dさん（福岡県出身）ならこう言いそう……

「ところで、〇〇の件はどうでした?」
（話題を変える。が、結局マウンティングされる）

おすすめの伝え方

①「どこをとってもすごいですね。もう仙人みたいです」

京都式の回答例　京都市に代々お住まいで、自身も左京区出身の50代女性に聞きました

「○○さん、ほんまどこをとってもテッペンどすなぁ。ほぼ仙人どすわ」

不快な気持ちを伝えてはいるが、一見褒めているようにも感じられ、かつユーモアまじりなため、言われたほうは反論したり否定したりしづらい。それでもマウンティングし続けてくる猛者《もさ》には、こちらも何度もこの対応を繰り出し続けましょう。

Q6

冗談と思っているのは言った人だけ……侮辱された、ハラスメントを受けたとき、どう伝える？

①「それ、ハラスメントですよ」

②「私にはいいですけど、ほかの人に同じことを言ったら事件ですよ」

③「(笑いながら）もう、やめてくださいよ」

20代女性Eさん（東京都出身）だったらこう言いそう……

「（笑いながら）やだー、○○さんたら。やめてくださいよー」

おすすめの伝え方

②「私にはいいですけど、ほかの人に同じことを言ったら事件ですよ」

京都式の回答例　京都市下京区四条烏丸《しじょうからすま》生まれの祖母に育てられ、自身も京都人の40代女性に聞きました

「うちにはよろしおすけど、よその方に同じこと言わはったら事件どすえ」

ハラスメントの多くは、しているほうは「悪い」「問題だ」と思っていない。そこで、「ほかの人に同じことを言ったら事件だ」と伝えることで、発言内容に問題があることを伝えている。

「自分にはいいけれど」と前置きしているが、本心はちっともいいと思っていない。すでに事件は起こっている。

Q　心の底から許せないことを言われたときは？

京都式の回答例

「それ、本気でゆうたはります？」

Q　太っている外見をからかわれたときは？

京都式の回答例

「うちのデブとそっちのハゲと勝負しまひょか？」

どちらもユーモアまじりに言うのがポイント。その場はなごやかなムードでも、察しのいい人には「怒っている」と伝わるはず。

Q7

汚い部屋を片づけてほしい。どう言えばいい？

①「あまりにも汚すぎるからきれいにしてもらえへん？」

②「ここ本当にいいお部屋よねえ」

③「部屋の運気で一番大事なのは風通しらしいよ」

30代主婦Fさん（千葉県出身）がいつも夫に言うのは……

「もう！　部屋を片づけてっていつも言ってるでしょ！」

おすすめの伝え方

③「部屋の運気で一番大事なのは風通しらしいよ」

京都式の回答例　京都市南区西大路《にしおおじ》に代々お住まいの主婦の方に聞きました

「部屋の運気で一番大事なんは、何をおいても風通しらしおすえ」

単なる情報提供のようにも見えるが、「風も通らない汚い部屋だ」と皮肉がこもっている。別に普段から運気を気にしているわけではないのがポイント。

Q　ものが多すぎる部屋を片づけてもらうには？

京都式の回答例

「ここ、もの減らしたら100点満点どすな」

「迷惑の指摘」の類似例

Q　送別会費をなかなか支払ってくれない人にスマートに催促したいときは？

京都式の回答例

「せわしないこというてすんません」

Q　それでも相手が察しない場合は？

京都式の回答例

「ぼちぼちどないですやろ？」

基本的に京都人の婉曲な言い回しは、相手の察しの悪さを矯正する意味がある。ここで察しないと、「ダメなやつ」の烙印《らくいん》を押されると思ってよい。

Q　遅刻癖のある人に注意・説教したい。どう言えば？

京都式の回答例

「お育ちがええのか、いつも優雅にお出ましどすなぁー」

「みなさん早ようから、来はるの待っておいやしたんえ」

Q8

訪ねてきた人が汗臭い。どう気づかせる？

①「あなた、ちょっとにおいますよ」

②「ずいぶん急いでいらしたんですかね？」

③「鼻がアホになりそうやわ」

営業職Gさんが取引先（東京）で言われたのは……

「ちょっと窓を開けて換気していいですか？」

おすすめの伝え方

②「ずいぶん急いでいらしたんですかね？」

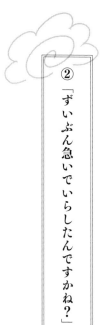

京都式の回答例　大学時代に京都に住んでいた40代男性が、京都人の大家さんに実際に言われたこと

「えらい急いできはったんか。なんやずいぶんとええにおいしますで。これ（制汗タオルなど）やるさかい、ちょっとあっちで休憩してきたらどや」

においは本人が自覚するのは難しい。そういう場合は、ある程度はっきり言って、行動にまでつなげさせることで、次回以降の改善の可能性が生まれる。

ポイントは、直球ではなくても、不快なものは不快ときちんと伝えること。

Q

相手の香水のにおいがキツい……どう伝える？

京都式の回答例

「ええにおいさせたはりますな」

「なんや、どこぞからええにおいがしてきたわぁ」

Q9

お土産、プレゼント……いらないものばかりくれる人がいる。いらないとは言いにくいし、陰で捨てるのも申し訳ない。どう対応する？

①「**お礼**もきちんとできていないのにまたいただいたら、**母に叱られます**」

②「いつもありがとうございます」

③「〇〇さんは**気遣い上手**ですね」

新入社員Hさん（大阪府出身）だったらこう対応しそう……

「**私も○○さんのように気遣いできるようになりたいです**」

おすすめの対応法

①「お礼もきちんとできていないのにまたいただいたら、母に叱られます」

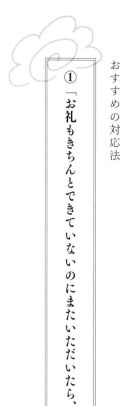

京都式の回答例　京都市中京区に代々お住まいの60代男性に聞きました

「お返しもできてへんのに今度は絶対もろたらアカンて、嫁はんに怒られてますねん」

いくらいらないとはいえ、受け取って捨てるのは心苦しい。そのため重要なのは受け取らないこと。そして次回から「あの人にあげよう」と思わせないこと。

実際には、もらったあとにはお礼なりお返しなりをしていても「お返しもできてへんのに」とつけるのがポイント。「こっちが何かお返しするまで、次のものは寄越すな」という気持ちがこもっている。

Q10

電車で隣の子どもが靴を脱がないで座席に立っているが、親は注意しない。しかも、靴が自分に当たっている。どう対応する？

①（黙って席を移動する）

②（子どもに）「きちんと座りなさい」

③（親に）「お母さん、危ないですよ。ほかの人の服も汚れるし、迷惑です」

最近電車通学を始めた女子高生Iさん（宮城県出身）の対応法

「……（黙って自分の服が当たらないように引っ張る）」

おすすめの対応法

③（親に）「お母さん、危ないですよ。ほかの人の服も汚れるし、迷惑です」

京都式の回答例　京都市西大路三条在住で京都人の70代男性に聞きました

「お母さん、危ないですよ。ほかの人の服も汚れるし、迷惑です」

「京都の人＝絶対はっきり言わない」は間違い。注意すべきときはきちんと注意する。しかしここでも、子どもに直接言うのではなく、親に改善させる形で、親のしつけの悪さを非難する気持ちを込める。

Q　注意した親が無視するなど、子どもへの注意が甘い場合には？

京都式の回答例

「お母さんのお鞄《かばん》の上に座らせたげはったらどうですか？」

Q 11

場違いに派手なファッションとメイクの女性。どう指摘する？

①「ちょっと派手すぎませんか」

②「いつもきれいにしてますね」

③「おフランスから帰ってきはったんか」

人事部長Jさん（50代男性・東京都出身）が部下に言っているのは……

「ちょっと派手すぎないか？　TPOをわきまえろ」

おすすめの指摘の仕方

②「いつもきれいにしてますね」

京都式の回答例　京都市上京区に代々お住まいの70代女性に聞きました

「今日はどこぞでお祭りどすか？　お稚児《ちご》さんみたいで、かいらしわぁ。お化粧も上手で、いつもきれいにしたはるってみんなでゆうてますんやで」

「お稚児さん」のところを「金魚」など、ケバケバしくて派手なものに変えても可。最後に「みんなで言っている」とつけているものの、本当に話題に上っているかどうかは分からない。「みんなで言っている」は、自分の言いたいことを言うためのクッションとして頻繁に使用される言い回し。

Q　メイクが濃すぎる人に対しては？

京都式の回答例

「お化粧、ようようつらはるわ」

一見褒めているよう感じられるが、あとから振り返ってみると、どこかに違和感が残る言い方をされる。

察しのいい人しか気づかないが、気づかなければ「アホやなぁ」と思われてしまう。

Q 12

仕事相手がどうにもこうにも仕事ができない。
この不満を、どう伝える？

①「おっとりしたのんびり美人さんですね」

②「あなたは使えないねえ」

③「電池切れとんのかと思たわ」

外資系企業勤務のKさん（40代・広島県出身）ならこう言いそう……

「〇〇さん、お疲れみたいですね。夜、よく眠れていますか？」

おすすめの伝え方

①「おっとりしたのんびり美人さんですね」

京都式の回答例　京都市に代々お住まいの30代女性に聞きました

「あの人、ほんまええ人でな、しかもべっぴんさんやろ。いつもニコニコで職場に花が咲いたみたいや。そやけどちょっとのんびりしたはる。仕事は丁寧なんやけどなぁ。あの仕事をさせとくのはもったいないかもしれへん」

「いい人」「べっぴんさん」「丁寧」など褒め言葉が並んでいるように見えるが、仕事相手を褒める言葉としてはふさわしくないものばかり。また、多くは仕事ぶりについて話す文脈で、脈絡なく褒め言葉が始まるため、聞き手は違和感を持たざるを得ない。最後の、「あの仕事をさせとくのはもったいない」には、「あの仕事はあなたに向いていない」という棘が隠れている。

Q　仕事ができない人について、「仕事ぶりはどう?」と聞かれた。どう返す?

京都式の回答例

「ええ人なんですけど、のんびりしたはる」

「べっぴんさんなんやけどねぇ」

「なかなかおもしろい人どすな」

「ええ人やけど、けったいやねん」


基本的にまず、相手に敬意を示す姿勢を見せ、褒めてから落とす。

Q　仕事ができないくせに、えらそうに振る舞ってくる。何て言う?

京都式の回答例

「ようおきばりやすなぁ」

「丁寧な仕事したはりますなあ」(仕事が遅い人に対して)

「こんな仕事してもろて、もったいない」

「かえってお手を煩《わずら》わせてまへんか?」

「このお仕事、長いことやったはりますのん?」

Q13

名前を間違えて呼ばれた。どう対応する？

① 「誰をお探しですか？」

② 「はい、何でしょう？」
（間違えられても指摘せず会話を続ける）

③ 「○○さんは、今、外出していると思いますよ」

公務員Lさん（石川県出身）だったらこう言いそう……

「え、私のことですか？」

おすすめの対応法

③「〇〇さんは、今、外出していると思いますよ」

京都式の回答例　京都市上京区で代々商売をされている70代男性に聞きました

「○○さんは、今、外出したはるんちごたかな？」

ストレートに「違います。私は○○です」と訂正せず、相手に自分が間違っているかも？　と考える余地を与える。

Q 何度も間違えられてしまったときは？

京都式の回答例

「○○さん（美人で有名な人などの名前）と間違えてもろて、おおきに」
「いやぁ、いつの間に私、お嫁に行ったんやろ？」

「北川景子と間違えたん？　ありがとう」のように、美人で有名な人の名前を入れることで、ただ「間違えてますよ」と伝える。

シンプルに美しい人のお名前を使ってもよいが、そのときのシチュエーションに合わせて上手に入れ込むことができると、より京都らしさが漂ってよい感じになる。たとえば、いつもセクハラ気味に接してくる人に対しては、いわゆるセクシー女優などの名前をわざと出して、「こちらとしてはセクハラに感じてますよ」ということを伝えるなど。

「間違いの指摘」の類似例

Q 明らかに漢字を読み違えていることを指摘したいときは?

(「烏丸(とりまる)通りってどこですか?」と尋ねられて)

京都式の回答例

「烏丸は知りまへんけど、烏丸(からすま)やったら、この道を左です」

頭ごなしに間違いを指摘せず、自分が「烏丸」を知らないというスタンスで正解を教える。

日常的なシーンで使われる基本パターン3選

この項目では、必ずしもイヤなシチュエーションや、毒を使いたいという場面に限らずに、婉曲なものの言い回しとして押さえておくと後々応用したい場面で使えるかもしれないパターンを3つ、ご紹介していきます。

挨拶

Aさん「どこお行きやすの?」
Bさん「ちょっとそこまで」
Aさん「きーつけて、おはようおかえり」
Bさん「おおきに」

これは、尋ねるほうも、本気でどこに行くかを聞いているわけではない。答えるほうもどこに行くかを言うつもりは毛頭ない。単なる挨拶なので、本気で行き先を告げると「けったいな人」になる。京都ではこういった、一見、意味のないやり取りが交わされることがよくある。これはかつて渡来人やよそ者でカオスであった都における、処世術「私は敵ではないですよ。攻撃しないけど本音は言いませんよ」の名残とも考えられる。

嘲笑する・クギを刺す

（浅知恵を披露して調子に乗っている人へ）

「よう知ったはりますなあ」

「よう勉強したはりますなぁ」

これは暗に「知ったかぶりはやめろ」と言われていると思ってよい。また、つまらない話を途中で切るときにも使用する。

お断り

Aさん「先日の件、どうなっていますか?」
Bさん「いや、すんません、考えさせてもろてます」
Aさん「お答え、いつ頃いただけますか?」
Bさん「ぼちぼち考えさせてもらいます」

基本的に「考えておく」はNOの意と考えておけばいいそう。承諾する場合は、「よろしゅうお願いします」となり、金額や日時など具体的な話が進んでいく。

「考えさせてもらいます」と言われれば、そこで引くのがセオリー。この文例のように2回も言わせてしまうと、この取引に未来がないどころか関係性まで危うくなるかも……。

3章

「困った」「イヤだ」を賢く伝える7＋3のレッスン

仕事で、日常で……賢くNOを伝えるには？

2章では、具体的な例示について、京都人からの聞き取りをもとにまとめたものをお伝えしてきました。3章では、これらの例の基本になっている、ある種のコードについて、そのポイントを抽出していきます。

ポイントは、おおまかに分けて7つになりそうです。以下、さっそく見ていきましょう。

レッスン① 「褒めている」ように見せかける

京都人の会話は、相手を褒めるということを基本にしているのだそうです。代表的なのが、今や有名になった「お嬢さん、ピアノが上手どすなぁ」や「ええ時計したはりますなあ」。

ピアノの場合は、音がうるさい。しかし直接相手に苦情を言うと、人間関係にヒビが入ることもあります。そこで、一見、褒めているように言って、真意を言葉の底に分かりやすく置いておくのです。

この「分かりやすい」のも、一つのポイントといえるでしょう。あまりにも真意とかけ離れていると、相手に通じないからです。京都人の本音は、「自分がストレートに言う前に、相手から気づいて行動を改めてほしい」のです。

また、相手が「ピアノがうるさいと文句を言われた」と認識し、抗議しようとしても、表向きは褒めているので喧嘩にはならないというリスクヘッジもあります。

日常で応用する方法

本気で自分を下げるのではなく、「自分を下げているように見せて、相手を上げているように錯覚させてしまう」というのも、イケズの上級者はよくやるとのこと。

たとえば、「こうやれって言っただろう！」みたいなパワハラまがいの言葉に対しては、

「そうおっしゃっていたとは気がつきませんでした」

「○○さんはそんな合理的なやり方を思いつくなんて、さすがですね」

など、謝罪や反省をしているように見せかけて、実は「言われていません」「教えてもらっていません」という意味を含ませる。「察してほしい」という気持ちをにじませて、相手が恥ずかしく感じるようになるまで熟成させておくのだそうです。

この方法は、2章で出てきたマウンティングの人に応用してみるのもいいかもしれません。

たとえば、明らかにインターネットでバズっている情報を、あたかも自分が世界で最初に広めたかのように言ってくる同僚や、話題になっているグループをあたかも自分が最初に見いだして、デビューする前から知っていたみたいなアピールをしてくる方に対してです。

どう言うか。まずは、

「さすがですね！」

などと相手を立て、そのあと、

「次は誰がくるんですか？」

を付け加えると、とてもいい感じですよね。シチュエーションを想像するだけで楽しくなってきます。

レッスン②「（遠回しな）質問」で、相手自身に答えを出させる

京都人は、相手に何かを察してもらいたいときに、そのことを直接言うのではなく、疑問形にして、本当に伝えたいことを考えさせるように言うことがあるそうです。

たとえば、家の中でふすまやドアを開けっ放しにしていると、「誰か来るの？」と言われる、というのはもう定番の形だそうです。この場合「誰かこのあとから来はるの？」と聞かれたって、「あとから来はる人」なんかいるわけがない。それをどちらも承知しているわけです。真意は「開けっ放しはやめようね」という意味だということを、お互いに分かっている。

ほかには、「これは風水か何かですか？」というバリエーションもあるそうです。

疑問文に込められたメッセージ、あなたは気づけますか?

新型コロナウイルスのパンデミックが起きた当初、Twitterで話題になったエピソードも好例です。「(コロナ禍に)京都に帰省していいか」という子どもからの問いに対する「東京大変らしいけど、そっちマスクとティッシュ足りてる?」という返信※。

これは一見、東京在住者を心配するふりを装いながら、「感染者が多い東京からこっちに帰ってくるな」とクギを刺している、「イケズ」なのだといいます。慣れていないとなかなか分かりづらいかもしれませんね。会話の流れによっては普通の言い方です。

たしかに、帰ってもいいかどうかに対する返答でなく、東京で一時的にマスクやティッシュが品薄になっているという報道が話題になっていて、その流れでそっちにはマスクとティッシュが足りているのかと聞かれているとしたら、単なる日常会話でしょう。

しかし、「京都人が言った」ということ、そして問いかけの言葉に「実家に帰りたいなぁ」という意思を見せているのにこう言われたということならば、ここは、なるほど、と察して納得しなければならないのが、京都式なのだそうです。この会話をよく見てみると、実家に帰っていいかを聞いているのに、東京はどう？　と何となく噛み合わない問いかけが返ってきています。この違和感が重要で、それを感じたらもうこれは別の意図があると察しなければならないわけですね。

また、「差し上げます」と申し出たときに、「こんなええもん、もろてもよろしいの？」と返されたなら、これも気をつけなければならないのだとか。本当は、あまりほしくない、もらってうれしくないものを差し出されている、という意味を含むかもしれないからです。質問で返してこられたら、とにかく、あれっと思わなければならない。

これが「こんないいものもらえませんよ～」とはっきりとした否定になるのであれば、逆に、あと二回は押して、相手がうんと言うまで、もらってくださいという意思を示し続ける必要がある可能性があります。

疑問形か、疑問形でないか。それが、重要なサインになっている場合が多いとのこと。

分かりにくいかもしれませんね。でも、遠回しで少し考えないと真意がつかめない言い回しをあえて使うのが、戦略的あいまいさというものでしょう。

ほかにもこんな例があります。今度は、たまには実家に帰省してきてほしい、という要請があったとしましょう。そんなとき「何か送ろうか？」と答える。これは、「私はそんなことを言われても帰りませんが」という意思表示として受け止められる返し方なのだそうです。

これに対して実家側は「仕事、そんなに忙しいの？」という返答をすることがあり得るとのことで、やわらかな言葉の選び方の中に、ちらりと見え隠れするほんのりとした悪意がとてもエレガントですね。直接ストレートな表現で応酬《おうしゅう》するのではなく、やんわりとした疑問で、その人が隠している真意を少しだけつつくという、コミュニケーション巧者同士でなくてはできない洗練されたやり取りが、こうした言葉の端々に感じられ、たいへん勉強になります。

また、仕事のクオリティーがもうひとつだな、という人に遭遇してしまったとき。「このお仕事、長いんですか？」と聞くのは、盛大なイケズになり得るようです。

（※）みやびん「[@miyabine]」（２０２０年7月15日）「[ツイート]」地元の京都に来週帰っていい？ってLINEしたら「東京大変らしいけど、そっちマスクとティッシュ足りてる？」っていう意訳すると京都に来るなっていう返信が秒で来た。

「お代わりいかが？」がイケズになるワケ

さらに、何度も使われる例ではありますが、「お代わりいかがですか？」「お茶、お取り換えしましょうか？」。それまでは何も言わずに入れてくだすっていたのを、「いかがですか？」とわざわざ問いかけられ始めたとしたら、それは「ご飯を食べ終わったあともぺちゃくちゃ長いことしゃべっていないで、そろそろお帰りくださいな」という気持ちを感じ取ったほうがよろしいでしょう、とのこと。京都式に慣れていなくとも、安全な対策は、まずこれを言われたら、とにかくさっさと帰ることです。

さらに、まだお茶は飲みごろの温度のものが入っているのに、疑問文が発動されて、しかも取り換えられてしまったら、もうこれは要注意です。いい加減にせえよというニュアンスを感じ取らねばなりません。こうした「?」は、遠回しにイケズが盛り込まれていることが多いそうなので、覚えておいて損はなさそうです。

ただ、疑問形がポイントといっても、すべての疑問文がイケズになるわけではありません。「赤と白どっちにする?」とか「お砂糖いくつ入れます?」とか「明日の会合には出る?」とか、答えが即座にはっきり出る問いは、これには該当しないそうです。

この、微妙なニュアンスの「?」を理解し、使いこなすのは、慣れていないとかなり難しいかもしれません。それでも、これは京都人の遠回しなやさしさでもあるのだそうで、「?」の形にすることで、ストレートに「こうしてください」と言葉にするよりも、コミュニケーションがやわらかくなるのを分かってほしいとのこと。少なくとも相手を傷つけたいとは思っていないのだ、という意思表示と思ってもらえたら、と訴える本人方からの声があったことは、書き添えておきたいと思います。

あとは使い続ける中で、「?」の使い方の腕を上げていきましょう。

レッスン③　自分を下げる「枕詞《まくらことば》」を入れて、断る

次にご紹介するのは、自分を少し下げる言葉をクッションにして、続けて本当に言いたいことを言う方法です。

枕詞的に自分を下げてはいるのですが、本心としてはどちらが上とか下とかいう気持ちはさらさらなく、単なる衝撃をやわらげるためのクッション的な表現として、自分を下げているそうです。

心にもなくとも、とりあえずクッションを入れることによってコミュニケーションを一見マイルドにして、相手が受け入れやすくするという効果を狙っているんだ、とおっしゃる方もいました。

たとえば、何かのお誘いを受けたときなどに、「アホやから、分からへん」と言う

言い方があります。端的にいえば「お断りします」ということなのですが、「アホ」という、どことなくユーモラスな言葉を使うことによって、否定や断りをマイルドにすることができる。ごり押しの回避にも使えるマジックワードだと教えていただきました。

東京で使える枕詞は？

ただ、東京ではアホという単語自体をあまり使いませんし、関西とはニュアンスも違ってしまいますから、別の表現がいいかもしれませんね。

候補を考えてみますと、下町で使われるような「僕はおっちょこちょいで困ってるんですよ」というような言い回しは使えるかもしれません。

「わたし、バカだから」というのも人によって、シチュエーションによっては使えるかもしれませんが、アホという単語の持つ、そこはかとないおかしみと比べると響きが強く、やや使い方が難しくなるでしょう。

アホやから、のバリエーションとしては、こんな言い方もあるそうです。

「私ら不勉強やから、そんな難しいこと、よう分かりませんわ」

しょうもない上に、得にもならずおもしろくもない話をされたとき、この表現は使われることがあるそうです。

「うちはややこしこと分かりませんし、主人に聞かんとお返事できませんねん」

など、（一見）卑下しておいて、目上の人やその場にいない人を立てつつ、その人の意思であるかのようにして断る表現は、さっそく使えそうですね。


なお、この言い回しのさらに上級編としては、レッスン②と組み合わせた、「枕詞＋（遠回しな）質問」もあるそうです。

「こんな狭いとこに、わざわざ遠いとこからすんませんなぁ。何もおかまいできませんけど、お入りやす？」

これは、アポなしで何の連絡もなく急に来られても迷惑ですよ、歓迎しないけど、まさか家に入るんですか？　という意味になるとのことです。

レッスン④　オウム返し質問で受け流す

本書を編む上でインターネット上で行ったアンケートにご協力くださった方々から、セクハラされて困っています、マウンティングされてつらいです、というお悩み・ご相談をたくさんいただきました。

ですが、今までなら、またか……と感じていたであろうこんなときこそ、京都式の毒の振りまき方を練習するチャンスです。

がくっと来てしまったり、逆に、うっかり論破しそうになってしまうお気持ちも分かりますが、ぜひそれはぐっと抑えて、じんわりと確実に効く一言を、エレガントに発動していきたいものです。

答えたくない質問をされたら、ただ繰り返すだけでもいい

「子どもいないの？」というややデリケートな質問には、一拍おいて「……『子どもいないの？』っておっしゃいました？」などと聞き返す。

あたかも、尊敬するあなたがそんな質問をしてくるなんて！　という体《てい》で、びっくりしたようにオウム返ししていきましょう。そして、返事はここで止めておいて、あとはじっくり、本人の中で毒が効いてくるのを待つのです。

現代は、たとえばテレビでそんなことを言おうものなら、場合によってはその発言者は炎上して出演自粛ということにもつながっていきかねません。政治家ならことによっては致命傷にもなり得ます。そうしたコンプライアンス重視の世の中であることも、多くの人が承知している時代です。それを「てこの支点」のように使うのです。

相手の中に、しまった、あんなことを言うのではなかった、とあとから次第に大きくなっていく後悔の念を刻むことができたら、大成功です。

無神経・無遠慮・問題外の相手を正しく見下す方法

「結婚しないの？　いいものだよ」というのも、これまた定番の、現代ではハラスメントとされてしまうであろう発言の一つです。まずは基本の型、オウム返しで「結婚ですか？　いいものなんですねえ？」と聞き返す。悪くないよ、とか、いいものだよ、という言葉にひとかけらの後ろめたさもないのであれば、ほのぼのとしたのろけが返ってくるかもしれませんが、結婚生活というのは、実はそううまく回っているとばかりはいえないものです。

現実に3割以上の夫婦は離婚を選択する時代でもあり、離婚を選択しないまでも、互いに何の不満もないという夫婦は意外に少ないものです。妻が我慢していることに気づいていない夫が「結婚しないの？　いいものだよ」などと言っているのであればそもそも感性の鈍い、問題外の方ですから、まともに反論しても理解されることはないですし、時間の無駄なので適当にあしらってスルーするのが得策でしょう。

もし夫婦ともに満足しているという仲のご家庭の人なら、そんな質問を不躾《ぶしつけ》にもしてくる可能性は低いだろう、という予測を立てておくのもいいかもしれません。

結婚生活は、互いに違う背景を持った人が折り合いをつけながら過ごすものですから、互いに自然に配慮できる人間性を持っている人でなければ、穏やかで満ち足りたいい結婚生活を送ることは難しいはずです。そういう人なら、妻あるいは夫のことだけは大事にするけれども、ほかの人には無遠慮……なんていう行動をとることは少ないのではないでしょうか。


たとえ「結婚しないの？」という短い質問であっても、そこには、その人の人間性や背景が丸出しになってしまうものです。

その情報の中で、相手が「ここを突かれると痛いな」という要素を見つけ、じんわりと効くように、間接的に伝えていく。その方法論として、オウム返しでその弱点をあぶりだしていく、というやり方があることは覚えておいていいと思います。

中には、独身の自分を狙っていて、あわよくばという思いからこのような無遠慮な質問をしてくる人もいます。そういった視線を感じているなら、「結婚してもほかの女（男）にちょっかい出すような夫（妻）ではちょっと」という毒を、このオウム返し（「いいものなんですねえ」）の中に込めるのもいいかもしれません。

もちろん、そのときにはそうと悟られず、あとになって思い返すとじわじわと毒が効いてくる、というのが最良の方法であることに違いありません。分からない人はいずれ勝手に地獄に堕《お》ちていく、それを淡々と眺めて涼しい顔をしていればよい、というのが京都式になるかと思います。

ともあれ、相手の不躾な質問には、まじめに返事をするのでなく、同じ質問で返すのがはじめの一歩です。

実際はまともに答えておらず、相手の話を無視しているのですが、一応受け止める格好を取っているので、無視しているという悪印象を持たれずに済み、なおかつじわじわ効く毒を込めながらエレガントにスルーできる、というのがこの方法のいいところですね。

毒がしみ渡るまで根気よく「態度のオウム返し」を

マウンティングしてきた人の優越感のへし折り方として、5章でも触れますが、たとえば夫である人が医者なり高学歴なり高収入なりのママ友がいて、それをことあるごとに自慢してくる、といったタイプだったとしましょう。ママ友の場合、揉めると子どもの人間関係にも影響が出かねないという怖さがあるし、できれば穏便《おんびん》に何とかしたいところ。

そこで、「うちの主人は医者なんです」というのがマウンティングであると感じるのであれば、次に会ったときに「ご主人、お仕事何でしたっけ？」と忘れた体で聞く。会うたびに「お仕事何でしたっけ？」を繰り返すのです。物覚えが悪くって……というニュアンスがついてきますから、レッスン③の、自分を下げるという要素も入ってきます。

相手が多少なりともまともな感覚のある人なら、夫の職業を自慢することの恥ずかしさに気がついて、ほどなくやめてもらえると思います。ただ、潜在的なコンプレックスや、自分が目立っていないと気が済まないなどややこしい気持ちを抱えた相手（つまり、京都式で考えれば敬意を払って付き合う必要のない人）の場合は、繰り返して主張してくることもあるかもしれません。

相手がそのように対峙してくるのであれば、こちらも同じように、淡々と「お仕事何でしたっけ？」を続けましょう。いわば、「態度のオウム返し」です。夫の職業へのこだわりを子どもさえも恥ずかしく思うあたりにまでなれば、さすがにもうそれを口にすることは家庭の状況的に厳しくなるでしょう。自分の手や口を汚すことなく、目標を達成できます。

相手に毒がしみ渡っていくのを楽しみに、根気よく待ち、エレガントに振る舞い続けましょう。

レッスン⑤　証拠のない第三者を引っ張り出す

「それはあかんて、みんな言うたはる」

「やめといたほうがええて、みんな言うたはるえ」

こんな風に京都人が「みんな」と言う場合、それは100%「私」と置き換えてよいのだそうです。自分がイヤなこと、NGなことも、「みんな」として責任の所在を不明瞭にしておく。この「みんな」が「おばあちゃん」「昔」になることもあります。

「こうしたほうがええて、おばあちゃんが言うたはった」

「私はどっちでもええけど、昔からそう言われてるし」

この言い回しは、関西全域で頻繁に使用される「〜らしいで、知らんけど」とよく似た機能を持っています。実はよく知っているくせに、「知らんけど」とエクスキューズすることで、発言の責任を回避するというやり方です。
たとえば、「あそこの奥さんが○○と不倫しているみたいよ、よう知らんけど」は、噂話の体をとりながら、実はめちゃくちゃよく知っている、ということになります。

本章で紹介している7つのレッスンの中でも、比較的取り入れることが楽にできそうなのが、このポイントかもしれません。「みんな言ってる」「友達が言ってた」という形は東京でもしばしば使われていますし、「会社が……」というパターンもあります。どなたかにちょっと無理筋なお願いをされたときに「ちょっとそれは会社が許してくれないんですよ」と、会社を主語にするという方法です。

これは京都式というよりは、日本式といっていいものかもしれません。この形のバリエーションは、官僚の方が使うとされている、ある話法にも通じるものがありますよね。「前例がないので」というのがそれに相当するでしょうか。ほかには、「いいアイデアだね。でも、今やる理由がないよね」というやり方もあります。

レッスン⑥　知っておくと便利な4つのキラーフレーズ

これはもう、表題そのままで、キラーフレーズのローテーションでも意外といける、という取り入れやすい方法です。ぜひ使っていきましょう。

キラーフレーズ1「おもしろい」

「おもしろいこと言わはるわぁ」
「こないだ、おもしろいことがあって」
「あの人、おもしろい人やね」
「おもしろい味ですね」（おいしい、と手放しで絶賛できないけど褒めなければなら

ないとき）

「おもしろいこと」は原義的にはポジティブな言葉ですが、イケズにおいては基本的には、「理不尽なこと」「奇妙なこと」「理屈の通らないこと」などを指し、ネガティブな意味で用いられます。

たとえば「結婚しないの？」「彼氏いないの？」というセクハラ質問に対してのアンサーとしても、

「おもしろいことをおっしゃいますね？」

という返し方があり得ます。もう同じ質問を二度とはさせませんよ？　という強い意志を、この形を使うことでエレガントに表現することができます。

似た言葉で、「個性的」「ユニーク」も、

「個性的な味」

「あの人の服装、ユニークだね」

など、同じように使われます。

キラーフレーズ2「元気」

「さっき隣にいた人、元気やったなぁ」
「坊っちゃん、元気でよろしな」

元気、もともとはいい意味の単語であるところがポイントです。「元気」は「おもしろい」と一緒で、イケズの頻出単語といっていいかもしれません。

これも、イケズ的に使われる場合は「騒がしい」「うるさい」の意味になります。全般的にいえることですが、文脈さえ異なれば、京都人でももちろんこの単語をいい意味で使う場合もあるのです。どちらの使い方なのか、はっきりとさせることなしに、受け取り手の文脈の理解度に応じてとらえ方が変わるようにものを言う、というのが京都式の工夫であり、おもしろさといえるでしょう。

キラーフレーズ3「考えておきます」

これは、もしかしたら、京都人の言い回しとしては一番有名なものかもしれません。否定したり断ったりしたいときに、「いいえ」と言わずに真意を伝える方法として多用される表現です。

いきなり言下に断ってしまうと、その理由をはっきり述べてほしいと要求されてしまうリスクがあります。相手が理由を知りたくなるのも理解できないことではありませんが、とはいえこのとき、理由を明示してしまうと、関係が壊れてしまいかねない。そこで、表向きは賛意を示す態度をとって相手の気持ちをやわらげておき、実態としては行動に移さない、という形をとることで、関係は維持するけれども、依頼のほうは塩漬けにしておく、という状態をアクロバティックに実現してしまうのがこのやり方です。

キラーフレーズ4「しばらくお休みします」

「やめたい」とは言わずに、そっとフェードアウトするための言葉です。本当にしばらくお休みしたいときは「2、3カ月休みます」など、具体的な数字や時期を出します。

そういった具体性のある数字を出すことなく、あいまいな「しばらく」といったフレーズが京都人の口から出てきた場合には、もうこれは「永遠にお休みします」ということなのだな、と受け取り手は察しなければなりません。

とはいえ、形式的にではあってもあくまで「お休み」なのであって、「やめる」とは一言も言っていない、ということがとても大切です。

レッスン⑦ 褒められて居心地が悪いときは「受け入れて、流す」

これは、「すてきね」と言われたら、「すてきでしょう」とちょっとユーモラスに返して、周りの笑いを誘う、というやり方です。

ストレートに褒められたとき、何だか気まずくなって会話を途切れさせてしまうことがありますよね。とはいえ、たとえばきれいな人でも「きれいですね」と言われて「よく言われるんです」なんて真顔で返してきたら、ちょっと感じが悪い。

たとえば東大生が「頭がいいね」と言われて、「そうですね」などと答えたとしたら、何だかな、と思われてしまうのではないでしょうか。上から見ているイヤな感じの人と取られてしまうリスクを考慮する必要があります。

「きれいではないです」「できません」と自虐するのも、モデルとして働いていた実績があったり、あるいは学歴があったりすると、そうでない人を間接的に下げてしまうことになり、この手も使えない。

言い慣れたようすの謙遜の言葉なんて、本当にイヤな感じです。本当は自信があるくせに、なんだ、という反感さえ持たれて、たたかれてしまいかねません。

あるいは「〇〇ちゃんは、きれいね」と言われて、実際には目をみはるような美人であるにもかかわらず「ぶさいくで悩んでいるんです」みたいなことを答える人がいたとしたら、これはもう最悪です。もう二度と相手から口をきいてくれなくなりそうなレベルの感じの悪さです。

意外に居心地の悪い「褒め」。スマートな返し方は?

褒められるというのは意外と、嫌みを言われるよりもストレスのかかることなのかもしれません。類似のシチュエーションには「スタイルがいいですね」「胸が大きいですね」などがあります。意外と褒められたときの返し方に、その人のコミュニケーションの技量が出てしまうものです。

東京の言い回しなら「努力してるんです」とか、「きれいに見せてるだけですよ」とか、「勉強するのが好きなので、結果的にできるようになったんです」とか、そんな切り抜け方は考えられます。

けれど、京都風に謙遜するやり方は、もう少し洗練されているのではないか。そう思って、いろいろな方にうかがってみました。

たとえば、容姿を褒められるというシチュエーション。

絶世の美女という感じではないけれど、愛くるしい容貌の女性に対して、その人をかわいいとか性格がいいとかいうことをみんなで褒めちぎる感じの雰囲気になってしまったことがありました。

これは、普通ならばちょっと居心地が悪いような空気になってしまうところです。けれど、その人は、「何も出ませんよ（笑）」と切り返したのです。

これはうまい方法だな、と思いました。ちょっとクスッと笑えるし、否定するでも肯定するでもなく、周りをなごやかにする。「何も出ませんよ（笑）」というのは、褒められて困ったときにいつでも使えるいいフレーズです。皆さんにも、今から使っていただけそうな、取り入れるのにやさしい例文であるとも思います。

もう一つ、上手だなと思った例は、この人は京都の人ではないのですが、誰もが仰ぎ見るようなすてきな方と結婚した女性の話です。彼女に対して誰もが羨望のまなざしを向け「みんながうらやましいと思っていると思いますけど、どうですか？」というような質問があったのです。

答え方によっては、好感度がひどく下がってしまう危険な場面でしょう。

彼女は短く、「幸せです、酔ってます」と満面の笑みで答えたのです。すごいと思いました。頭のいい人だな、こういうところを、夫となる人は好きになったのかもしれないとも思いました。

これは、客観的に自分を見ることができ、どんな風に思われているのかを把握できていなければ、なおかつ、大衆的なものとある程度感覚が一緒で、彼らの勘所をよく押さえている、という人でなければできない返事です。

普通なら「そんな、そんな」「運がいいだけです」などと答えるだけになり、本当はうれしいくせに嫌みだ、ちょっと退屈な人だなどと思われてしまうことになるでしょう。

褒めと妬みは表裏一体

褒められること自体が隠された罠《わな》、ということも、ときに気をつけなければいけません。相手が本当に褒めているときももちろんありますが、褒めの中には、ちょっとやっかむ気持ちや、相手を試そうとする意図が隠れていることがあります。こういうときは、やっかむ気持ちや、相手の粗《あら》を探そうとする意思をうまくなだめてあげないといけません。

先ほどの「みんながうらやましいと思っていると思いますけど、どうですか?」という質問。この質問が本当に厄介《やっかい》で難しいのは、自尊感情に関わってくるところがあるからです。

自尊感情の問題は特に、日本に特徴的なものといえると思います。日本は、自尊感情が高い、と感じられる発言をしている人に対して、風当たりがキツいところがあります。これはあとでもう少し掘り下げていくことにしますが、ただその空気があるだけでなく、最初から自分を卑下するように教育されてもいます。

そうなると、褒められたときこそ、「この人はイタい人だ……」と思わせない表現が大事になってきます。

その意味でも、先ほどの「酔ってます」は、そういった空気を受け流すためのたいへんうまい一言だと思うのです。見れば分かってしまう「私は選ばれた人」という明らかな優越を、「自分もそれを幸せでありがたいことだと思っていて、光栄です！」と、嫌みなくサラッと表現できるのは、見ている側の気持ちに立って、ああ、自分はこう思われている、という感覚を持つことができる人だということになります。

ここまでおしゃれに言えなくても、たとえば「いい結果が出てよかったですね」というようなときに「はい、私もすごくうれしいです」「本当にラッキーだったと思っています」「幸せです」というバリエーションがありますね。

イケズとは必ずしもいえないけれど、相手の隠された潜在的な妬みにうまく自分も乗っかっていなしてしまう、そういった身のこなしの優雅さを、身につけていきたいものです。

シンプルに一言「うれしい」で受け入れる

自分の立場をみんなと同じところにさっとずらして受け流すのが難しいと感じたら、褒められたときには素直に「うれしい」と気持ちを示し、次の話題にさっさと移るというやり方をとってみましょう。

「君のことをきれいだと思っているんだ」と言われたら「わあ、そんな風に言ってもらえてうれしいです」「みんなにも言っていいですか？」という返し方をするやり方です。

これができる人は、変に嫌みに取られることもなく、さわやかで、多くの人から愛されるでしょう。「えっ、そんなそんな私なんか」という、誰も得をしないウザい謙遜などよりずっと好感が持てます。

昔の少女漫画に出てくるような主人公の女の子は「君が好きなんだ」と言われるシチュエーションで、「私なんか」と返事するようなキャラクターには描かれていなかっただろうと思います。「ああ、うれしい、でも、この人と結ばれて大丈夫かしら」といった形の反応を示すパターンが王道のイメージではなかったでしょうか。

自尊感情が十分に育っていないと、サラッと「うれしい」と言うのは、意外と難しいことかもしれません。ただ素直に自分の気持ちを表現するだけなのですが、そんなシンプルなこと一つでも、心理的なハードルというのはそれなりにあるものです。

京都式イケズといっても、ただ表面上の言い回しをまねるだけでは本当には身につかないだろうというのは、このへんにその要因がありそうです。

京都、それも洛中に何代も住み、京都人たちのコミュニケーションの中で揉まれ、それによって育ってくる自尊感情に裏打ちされてこその、一見自虐風の表現であったり、相手へ毒を盛るときの匙加減の自在さだったりするのでしょう。

私の友人の一人に、デートで恋人と一緒に食事に行ったときに、「君はいつもメニューの安いほうから頼むね」と指摘されたんだよね、と話してくれた人がいました。「どれがいい？　僕がごちそうするよ」と言われたら、無意識に安いほうから選んでしまうのだと。

そういう人もおそらく少なくはない数いると思いますし、私も気持ちが分からないではありません。彼女は母親との折り合いがあまりよくなく、もともと自尊感情がそう高いほうではなかった。それを恋人に指摘されて、はっと気づいたのだそうです。自分は、自分を粗末に扱ってきたんだなということに。

昭和の少女漫画の主人公や、アイドルの人は、その逆といえるかと思います。自分はみんなに愛されているのが当たり前だと信じていて、誰かに拒絶されたとしたならそれは拒絶するほうに何らかの理由があったのだと自然に解釈できる。

そう思っているから、「きれいだね」と言われて、「うれしい」と自然に答えられる。これは自尊感情の高さが大切な要素として効いていると考えてよいでしょう。

「もしかして下心あり？」という褒め言葉への対処法

とはいえ「きれいだね」「かっこいいですね」と言われれば、口に出すかどうかは別としても、うれしいものでしょう。しかしながら、手放しでうれしいわけでもない。特に、性的なものを含む下心がありそうで、なおかつこちらに応じる気持ちがない場合は、厄介です。

自分に対して好意を示してくれた、その気持ちはうれしい。けれどもその下心はうれしくない、というような、あいまいで複雑な状況のときはどうしたらよいかという問題があります。

ストレートに答えるなら、「あなたの好意はうれしいけど、これ以上、私はあなたとの距離を縮めることはできません、でもありがとう」というような、そのまますぎてやや不格好な返事になってしまいそうです。

けれども京都人ならただ「ありがとう」とだけ言ってあの極上の笑顔で返すのでし

ょう。親近感を持たせすぎず、ショックを与えることもなく、でも、これ以上は近寄らせないということを、あえて返事を短くすることで表現する。さらりと優雅に、ありがとう、だけで終わることのできる人はすてきです。

さらに、万が一相手が嫌みで言ってきているのだとしたら、ありがとうという返事さえも嫌みになるのです。こんなに万能な返事の方法があるとは、と京都の方からお話をうかがって、これはたいへん感銘を受けたもののうちの一つです。

京都人のイケズは、たしかに自尊感情なしには語ることのできないものではあるでしょう。京都人ではない私たちも、できれば内面からそれに倣《なら》いたいものですが、ただ表面上の言い回しをまねるだけでも、まったくそういう習慣や心理的態度を持つ経験をしてこなかった人にとっては、大きな一歩です。ぜひさわやかに笑って「ありがとう（私の魅力を分かってくれるなんてあなたはすてきな人ですね）」とお返事する練習をしてみましょう。

レッスン上級① 「笑い」に持ち込む

京都の方にお話をうかがっていく中で、さすがに難易度高めといったところですが、もしこれができるのであれば、あなたは一撃で相手の心をつかむことができるでしょうね、という話になったのが、「笑い」に持ち込む方法でした。

「京都人といえども、関西人です」と、この話をしてくださった方はしみじみと口にしておいででした。ですから、やはり笑いは大事で、望ましいコミュニケーションをとる上では重要なポイントとなる要素、ということなのでしょう。笑いを入れて落とさないと、「おしゃれやないねん」とのことです。

そうはいっても、私のような無粋な東京人にとっては本当にアドバンスト、上級編です。変に笑いを入れようとすると、失敗してしまいます。下手にやって失敗するくらいなら自信のある人だけがやるほうがよく、また、どのようにやればおもしろくなるのか、というメソッドについて分析して書くことも笑いというのは会話の持つ独特のリズムや声の調子も含めてのものですから、なかなか難しいことです。

それで、「京都出身」の「お笑い」の人に聞かねばということで、本書の最終章に、京都出身（ご本人たちは桂と伏見ということでご謙遜なさいますが）のブラックマヨネーズのお二人に話をうかがった章を設けていますので、少しでも笑いに持っていきたい、と思っていらっしゃる方もそうでない方も、ぜひ読んでみてください。

とにもかくにも会話に笑いやオチを盛り込んで、笑い要素が入っていると、細かなポイントを気にせずとも、キツさがぐんと軽減できるのです。

言われたほうも笑いで流すことができますから、コミュニケーションとしてはこれはすばらしいものですが、やはり上級テクニックではあります。難しいので無理にとは言いません。でも、できる人はぜひトライしてみてください。

なぜ「笑い」にするのは難しいのか

ややこしい話しかけへの応答は、どうやったらおもしろくなるのでしょう。これは簡単ではない問いです。

笑いについては人類のほかにはコミュニケーションに用いている種が今のところ見つかっておらず、研究も進んできてはいますが、体系的にまとめられたものがあるかというと、「これから」という側面も大きいのです。

中世史のある研究者によれば、もともと東国と西国はもう全然別の国なのだそうです。東国と西国なら圧倒的に西国のほうが長い間、先進地域だったのだといいます。識字率、都市の発展の仕方、経済規模、人口など。東国は、征夷大将軍という言葉があるくらいですから、かつては、攻め滅ぼし、征服すべき場所として認識されていたということになるでしょう。

征夷、というなら、まあ時代はだいぶ下ってはいるものの、東京の人間は「なるほど、私たちは京の人間からしてみれば夷《えびす》なのですね」と自己をとらえる必要があるのかもしれません。西国の人から見たら、東京の人間はもはや外国人。当然、文化教養の厚みでいえば、今でも西が先進地域である、そういう意識を持っている人がそれなりにいてもおかしくありません。

江戸が大きく発展してきたのは、徳川家康が転封《てんぽう》されてからのことです。関八州《かんはっしゅう》を豊臣秀吉が与えたというときも、家康は嫌がらせをされたととらえていたともいわれます。

火山灰の降り積もった、耕作に向かないやせた土地で、水害も多く、大規模な造成工事をしなければ都市計画が難しい。そういう土地です。この厄介な土地を、お前が開発してみせよ、と難題を出されたような感じでしょうか。関八州には後北条氏という大名がいましたけれども、中心地は江戸ではなく、小田原でした。

江戸は、八重洲側はほとんど湿地帯で、それこそ労力とコストをかけて頑張って造成した土地です。現在の東京駅あたりです。大変なことを家康はやってのけたのです。

ほかにも、浅草にほど近い日本堤《にほんづつみ》など、わざわざ各国の大名を呼んで、築堤させたところで、都市の歴史としては比較的新しいといっていい。それは西日本の古くからある都市、なかんずく1000年を超える長きにわたって人が往来し続けてきた京都と、新興都市江戸とはまったく違うのです。

前述のようにどちらかといえば、アメリカに近いのかもしれず、たしかに東京/江戸の開発史を考えるとアメリカと同じくらいの歴史の長さになると考えることもできるのです。

浅草あたりも埋め立てられた土地で、そのときに都市計画をされているので、町のつくりもちょっと独特です。横浜の伊勢佐木町《いせざきちょう》あたりも、新田と名の付く場所でした。もとは入り江だったのを埋めて、街区をつくったのです。そういうところは、古くからあるしがらみや、隣同士のやり取りという点では、京都と比べればそれはコミュニティが密だとはいえない土地であったはずです。

さらにいえば、「隣は何をする人ぞ」の世界でもあったでしょう。その人はいつの間にか来て、いつの間にかいなくなるかもしれない。そういう人と関係が悪くなってもそんなに自分の人生には影響がありません。関係が悪くなったらまた新しい人と、新しい関係を築いていけばいい。それが「火事と喧嘩は江戸の華」のベースにはあるのかもしれません。喧嘩しても大丈夫な土地なんです。京都とは全く違う。

そこでもたらされる笑いというのは、関西のような人間関係の笑いというよりは、ちょっとスタンダップコメディーのような要素のある、政権批判もそれなりに明示的に織り交ぜられるような、ストレートな皮肉も込めることのできる笑いです。落語にもそういう側面があるかもしれません。アメリカン・スタンダップコメディーと、それに相当するものが落語だと思えば、いい対比ができそうです。

関西風の笑いとは、そもそも対象にするものが違います。笑いの種類が違うといってもいいでしょう。互いに、互いの笑いは、少しだけ心理的ハードルの高さを感じるものだろうと思います。

レッスン上級②「依存」「下心」「利用してくる人」を撃退するには

褒められたとき、罠みたいなものが用意されていて、うっかりそれに乗りすぎるとちょっとイタい、という現象について、本書でも触れてきました。そのリスクは、先ほどお話しした「うっかり褒め言葉に乗ってしまうと笑われる」ということと、「あやしい好意の餌食《えじき》になってしまう」ということの2つがあり得ます。

褒める以外には、やたらと傷を開示してきて、「あなたには分かるはずです、あなただけに話すんです」などと、距離を縮めてこようとする人もいます。皆さんが寄せてくださったアンケートの中には、こうした声も実は、少なからずありました。

このタイプの人は、あなたと仲良くなろうとしてそのような行動に出るのですが、うっかりすると「ああ、こっちの傷も聞き出そうとしている」という流れに乗らされてしまいます。適切な距離感を持っていい関係を築くには、ちょっと近すぎてしまう。

そういうとき、京都人たちはどうしているのでしょう。

歴史的にもあったはずです。京都人に対して、ほかの地域の人が、近寄ってくる。うかうかと言質《げんち》を与えるわけにはいかない。けれども怒らせて首をはねられては元も子もない。

現代でも、女性に対して、男性がそういう風に近づいてくることも結構ありますし、逆パターンで、お金のある男性に下心のある女性が近づいていく場合もそうかもしれません。弱さをあえて開示して、相手の好意を引き出そうとするやり方です。このやり方はかなり強力で、見抜こうとしていても、頼られる快感に抗《あらが》えず、気づいたときには利用されてしまっている、ということになりかねません。

切るに切れない人間関係の難しさ

この、女でも男でも一定数いる「自分の傷を見せて誘惑しようとするタイプ」は、なかなか対処が大変です。突き放すわけにもいかないし、かといって、一緒に泥沼に入るわけにもいかない。突き放したら、あの人は冷たい人、ひどい人としてみなされてしまう。また、後ろめたさも感じるでしょう。

不倫男のよく使う言い回しで、「奥さんとうまくいってないんだよね。寂しいんだ」「奥さんは俺より仕事のほうが大事なんだ」「子どもが第一だから俺の存在は空気みたいで」などというものがあります。「いや寂しいならどうぞ奥さんに言ってくださいよ」というところではありますし、職場はそれを埋めるところではありません。

ほかにも「トラウマがあって」とか、「親とうまくいかなくて」とか、「女性に対して、ちょっと壁があるんだ」とか「こんなことを話せるのはあなただけだ、話を聞いてくれるから、僕はほっとするんだ」とか、バリエーションは豊富です。

本当にただのクズであれば、ここで関係を切ってもいいような気もしないでもないのですが、なかなかそうはいかない場合もあります。それが職場の人だったり、取引先であったり、仲間だったり。その職能については信頼できるものがあって、仕事は一緒にしたいなどもあるでしょう。実際問題、にわかに関係を切ることができない。

こういう場合に、どうサッと身をかわすか、というのは、実はかなり多くの人が頭を悩ませているのではないかと思います。

もちろんストレートに言ってもいいのです。今風にストレートに言うのだったら、「自分は推しのことで頭がいっぱいで、それどころじゃない」などというのもありかもしれません。「今のはセクハラですね！」と強めに笑い飛ばしていくというのもキャラによってはありかもしれません。

でも、上司からやられているのだとしたら、「これで昇進チャンスが逃げていくことになっちゃうんじゃないか」という不安も生まれるでしょう。「重要な仕事が回ってこなくなるんじゃないか」「見えないところで不利な立場に立たされてしまうんじゃないか」という心配もあると思います。

こうした状況で自分だけ妙に手間のかかる仕事が回ってきたりすると、いらぬ勘繰《かんぐ》りをして精神的に疲れてしまったりするということもあるでしょう。できれば、エレガントに退《しりぞ》けたい。なおかつ、それ以降は黙っていてもらいたいですよね。

では、実際には京都人ならどう対応するのか。お聞きしてみました。

「言いにくおしたら、私から奥さまに言うたげまひょか？」

「ウチは頼られるほど、丈夫にできてまへんので、一緒にこけてしまいますー」

「私は強い男さんが好きどすし、そんなん言われたら嫌いになってしまいますえ」

「そんな頼れる強いお方を一緒に探しましょか」

どれもやさしい語り口ですが、二度と言ってこられない理由づけがはっきりとされており、「食い下がってこられるスキをつくるものか」という明確な意志を感じるしなやかな強さのあるお答えではないかと思います。

クズ男、ダメ女に付け入られないよう、この例を参考に工夫してエレガントに撃退していきましょう。

レッスン上級③　相手のイケズを正しく読み取る

イケズは見抜かなくてもいいんですよ、見抜けない人は見抜けない人として扱いますから、と京都人たちは言います。

けれどもやはり、できれば、恥ずかしい思いは、しなくて済むならしたくはないもの。

そこで、京都人に、イケズを見抜くポイントについて、うかがってみました。

にこやかに「いやぁ、うれしいわぁ」と言われているのに何か引っかかる。その違和感をうまくキャッチすることに尽きるそうです。もし「あれっ？」と少しでも思うのなら、それは、イケズかもしれないですね……とのこと。

皆さんはどれだけキャッチできるでしょうか。違和感をうまくとらえるためのポイントについて、お聞きしたことを次にまとめてみました。

違和感ポイント1
タイミングがおかしい

しばらく会話をしたあとに、急に「お若いですね」など文脈にない褒め言葉が出てくるとき。

違和感ポイント2
表情がおかしい

口角を上げて、穏やかにほほ笑みながら話している。どことなく、本気っぽさを感じない。
にこやかな表情で、やわらかに言われる。ものすごくおもしろい、と言っているのに、顔はそこそこのおもしろさだと思っているような、言葉とのズレがあるとき。

違和感ポイント3
言い方がおかしい

褒める言葉をたくさん使うのに、肝心の、一番フォーカスしてほしいところには触れない。そこはスルーされてしまう。すてきねえ、かわいいわねえと言うのに、仕事ぶりについては一切触れないなど。

イケズは身内のコミュニケーションを見て、自然と判別できるようになるもの

基本的にイケズを言うときは、ほぼ口角が上がり、ほほ笑んでいるといわれます。穏やかにほほ笑みながら話すのがイケズの王道。

対照的に、本気で喜んだり、褒める場合は、ぐっと表情が豊かになるそうです。「いやぁ」とか「まぁ」とは言わず、「いやー！」「まー！」「えー！」と感嘆符のつくような言い方です。

イケズのような言葉のやり取りはちょっとスポーツにも似ているのかもしれません。京都人同士で、一見ほのぼのとやわらかに見えるけれども、実は中にカミソリが仕込んであるボールを投げ合って遊んでいる。手だれの京都人同士なら、これが成立します。

けれども、慣れていないよその人は、これを打ち返すことも難しいし、うっかり素手で取ったりしたら血まみれになってしまう。だから最初に京都人は、イケズが分か

る人かどうかを試すようなことをするのでしょう。この人は打ち返せない人だから手加減しないと、ということを知るために。

なので、打ち返せなくても、まったく問題はないし、京都人が「ぷっ」と思うだけ。よその人は「あらあら、この人はぶさいくやねえ」と思われるだけです。

反対に、もしもともと勘がよくて、打ち返すことができると、「なかなかやらはるやん」と尊敬してもらえるかもしれませんね。そして、もっとすごいボールが来るかも……。


ただ、たまに京都人にも下手な人がいて、打ち返そうとしたのに取りこぼしてしまったりだとか、相手にぶつけてしまったということになるような人もいるそうです。時には、そういうぶさいくな京都人が東京人をはじめ、ほかの土地の人に何か言ってきたりすることも。

でも、それはお互いさま。そのときは、よその人であるこっちが「クスッ」とすればいいのであって、別にどうということはないのです。相手が自滅したなぁというような感じで、「ひそかに楽しめばいい」のだそうです。

ここで、言葉のやり取りをスポーツにたとえましたが、実は脳の中で言語の運用をつかさどる言語野の一部は、運動野と一部共有される領域にあります。さらに、「暗《あん》喩《ゆ》の理解（まさに京都らしい感じですね）」など、より高次の言語の運用を担う領域は、空間認知や道具の使用をつかさどっている領域でもあります。

また、鋭い言葉を言われたときに切られたり、殴られたりしたような身体感覚を覚えることもありますよね。この高次な言語理解の領域は、体性感覚野の近傍にあるので、言語による痛みが身体感覚としてとらえられるというのも不自然な話とはいえないのではないかと考えられます。

これらのことを考え合わせると、イケズを理解するのはこの高次な言語の運用を担う部分である可能性があります。イケズを言い合っているときの京都人の脳を撮像することができれば、この領域が活性化していることがひょっとしたら見えるかもしれません。

実際、言葉によるやり取りが当意即妙で上手な人のことを、しばしば「反射神経がいい」という言い方をします。これは、運動野と言語野の関係などが知られる前から、感覚的、慣用的に、私たちが使ってきた言い回しだろうと思います。

このように、イケズの感覚と、スポーツで使う感覚とは、脳機能から見ても類似であるのではないかと考えることができるのです。イケズを会話の中で上手に使える人は、スポーツでも、それなりのトレーニングを積めば結構なレベルまでいくんだろうな、としばしば妄想してしまいます。

4章

科学の目で見る京都戦略

コミュニケーションに「絶対ルール」はない

東京式コミュニケーションの功罪

ある京都出身の方は、同じく京都の人であったお祖母さまから、自慢してはいけない、それは行儀の悪いことだと言われて育ったそうです。行儀が悪い、というのは東京風、江戸風の言い方だと、粋じゃない、ということになるでしょうか。

東京は京都と比較すると、流動性が高い、つまり人の出入りの激しい場所です。同じところに何代も人が住んでいるというのは珍しく、多少のトラブルがあっても、よほど思い入れがあって購入した家だとかでもない限り、すぐに人が入れ替わっていってしまいますし、それなりの思いがあって所有している家に住んでいても、5代も6代も続いているという家が林立している地域というのはかなり稀ではないかと思います。

ですから、トラブルがあっても、そのトラブルのせいでその人がその土地を離れていったのか、ただ家を替えていっただけなのかが分からない。トラブルが起こってもあまり問題が大きくなったとは感じられず、しかもそのままにしておいてもダメージが少ないのです。

また、流動性の高い場所では、黙っていても自分の価値を分かってもらえるということはあまり期待できないでしょう。そういった環境では、自分のアピールをする必要が生じてきます。アピールをしなければ、つまり、京都人のいう「行儀の悪い自慢」をしなければ、仕事も得られず評価も低いままという状況に陥りかねないリスクのある場所でもあるのです。

こういうところは、ややアメリカの社会に通じるような要素がありそうですが、京都人からは、ぶさいくやなぁ、ときっと思われているのではないかと、いつもおののいてしまうのです。

私自身は東京・品川の下町の生まれで、おおむねそのような土地でした。そこで育った私のような者からすると、今のインターネットを中心としたコミュニティの風潮にも似たような感じがあるように思います。「本音を言うのが正義」という明示されないルールがあたかもあるかのように感じられると思うのです。うそをつかずに、相手に忖度することなく本当のことを言うのが無条件にかっこいいことなのだと。

けれども、脳機能から類推するに、人類が採用してきたコミュニケーションは、本来はそうではなかったはずです。本音を言わず、いかに関係性を損なわず、けれどもその中で自分の意志をどれほど貫いていけるか。そのバランスの中に美しいコミュニケーションがある、というのが人類のとってきたコミュニケーションの形態ではなかったかと思います。

そうでなければ、我々がこれほどうそをつく必要がないのです。

私たち人間は、10分に3回はうそをつくという説を唱える学者もいます。うそは必ずしも悪いものとばかりはいえず、関係性を良好に保つためのツールとして使われることがかなりの割合であります。

そういったやり方を人類は採用し、大事にしてきたはずで、本音よりも、お互いを大事に思いやる気持ちのほうに目を向けさせるのがまさに多くの人のいう人間性というものでしょう。私たちにとっては冷たくざらついた本音よりも、あたたかくやわらかなうそのほうが大切で、知的な所産でもあったのではないでしょうか。

この本では、江戸／東京の人間から見ると京都人は怖い、本音は何を考えているのか分からないから怖い、という巷にあふれている京都のステレオタイプなイメージを云々するのではなくて、私たちが今日明日を生き延びようと精いっぱいになるあまりに、信じられないほど無頓着でいすぎてしまった精妙なコミュニケーションのありようについて、もう一度掘り下げ、その知恵に学び直す機会をより多くの人と一緒に持つことができたら、と思うのです。

論破の快感か、互恵関係のメリットか

論破することは、たしかに瞬間的には気持ちのいいことかもしれない。相手を傷つけかねないことをできるだけ言わずにおくというのも、ストレスが溜まることでしょう。納得できていないのにそれを相手に伝えずにいるというのは心理的に負荷が高いでしょうし、そういう感情を抑えておくのにもそもそも鍛錬と努力が必要です。つまり、論破よりも、沈黙や妥協のほうがずっと脳を使わなければならないのです。

私たちの脳には潜在的に、戦略的な沈黙や妥協をする能力があります。けれども、それを使いこなせる人は、トレーニングを積んだごく一部の限られた人たちなのです。

自分から見た相手の弱点をうまく使いながら、傷つけない言い方を駆使して、しかも自分の心も殺さず、本音は小出しに隠しておいて関係を保つ、というやり方はたしかに、何の鍛錬もなしにすぐ使えるものではありませんが、使うことがもし可能ならば、その人は世界のどこへ行っても通用するし、出世も期待できるだろうなと思うのです。

もし国際的な場面なのであれば、適切な外交関係を保つために必要なスキルということにもなります。

論破がいいのか、それとも互恵関係がいいのかという二項対立は、一方がいつ何時でも正しく優位であるというわけでもないというのがまたおもしろくもあります。私たちがどちらの方法論も取り得る脳を持ち、時によって迷いが生じるのは、どちらのほうが得になるかということが条件によって変わってくるからです。

本書では、互恵関係を維持し、より自身を安全側に寄せておくためのスキルとして、京都式、という形でそのやり方をおすすめしているわけですが、論破のほうが得になる場合ももちろんあります。

それは、寿命がそれほど長くなりにくい戦時や飢饉《ききん》の長く続く時代であったり、移動が激しい地域であったりなど、人間関係が続かないことが想定される条件がそろう場合です。その人が自分と関わるのは限られた時間の中のことであって、また会うときは二度と来ない。来てもほぼ「初めまして」で、前にあったことはその後の関係にほとんど影響を与えない。そんなときは論破のほうが有利になります。

なぜなら、一時的な関係で、長続きすることがそもそも見込めないのであれば、相手からのリベンジのリスクは極めて低くなるため、自分だけの利益を最大化するのが最適戦略になるからです。

これはインターネット上だけの匿名性の高い間柄の関係や、相手の素性がよく分からない、そもそも探索のためのコスト（時間など）をかけられる余裕がなく素性を追うことが難しい状況であったり、東京のような人口が多く流動性が極めて高い地域、「隣は何をする人ぞ」の世界で有効な方法です。論破して、相手の恨みを買っても、逃げ切ることが可能です。その後はまったくその人と関係なく生きていける場合には、思い切りキレる姿を見せつけたり、完全に論破してしまうことがいい方法になるでしょう。

論破のほうが有利になるのは、短期的な人間関係ばかりが見込まれる状況だけではありません。もう一つ、別の場合が想定されます。それは、自分1人で生活が成立するという状況です。誰か、他者の助けを借りなくても済み、さらにリベンジのリスクが低いという場合です。

これは、こちらが妥協することによって誰かの好意を得るということを企図しなくてもいいわけですから、論破でいい。たとえば、ライフラインが安定的に確保できるインフラが十分に整っているとか、自分があえて依頼しなくても公的な援助が自動的に得られるようなガチッとした社会システムができているといった状況になります。

人間関係が短期的にしか続かない、あるいはコミュニティをつくる必要がなく、互恵的な共同体を想定しないという条件が整っており、それがある程度変わらない、しかも恨みを買ってもリスクが高くならない、という見込みがあるのであれば、キレたり、論破したりするスキルを磨くのが上策でしょう。

論破が最悪の結果を招くとき

それでは逆に、キレたり論破したりという方略をとると、かえって損になってしまうのはどんな場合でしょうか。それは、win-winの関係を築くのでなければ、相手に無駄な害意を抱かせてしまい、潜在的なリスクを高めてしまうことが想定されるとき。長期的な人間関係が半ば強制的に続かされる環境であったり、誰かの助けを得なければ生き延びていくことが難しい条件に置かれた場合です。これは、より脳を使わなくては生き延びていけない状況といってもいいかもしれません。

そこでは、相手を論破してしまうと、これは自分の生存が脅かされる結果につながっていくので、大変な損失を被ることになるわけです。

ビジネススキルとして、調整能力や、相手と折り合いをつける能力が重要視されるというのは、まさにこういうことではないでしょうか。論破してしまうと相手との取引を再開するのにより多くの労力が必要となるので損失が大きい。また、引っ越すことが困難であるとか、外交（国が引っ越すことはほぼ不可能）であるとか、相手との関係をどうしても続けていかなければならない場合には、相手から害意を持たれるような水準でやり込めてしまうとそのカウンターアタックを警戒しなければなりません。これもまたコストがかかります。

論破してしまうことのコストを考えると、最初から一定ラインの落としどころを計算し、そこで互いに手を引くことにするのが最もエレガントでコストパフォーマンスのいい方法になります。

島田久仁彦《しまだくにひこ》さんという、国際的に活躍されている交渉の専門家がいます。何度も修羅場をくぐっているのに(だからこそ、なのか)たいへん温和な、笑顔のすてきな人物で、テレビでもしばしばご一緒させていただいています。

この島田さんがご自身の体験も踏まえておっしゃることなのですが、「交渉事というのは相手の言葉や言い回しをなるべく使う」「相手から聞かれるまで自分の意見を言わない」などの点に気をつけて、「できるだけ相手に負けたと思わせないようにする」、といったことが重要になるそうです。つまり、いきなり論破して相手を完膚《かんぷ》なきまでたたきのめしてしまうのは最悪で、交渉は決裂し、その場の勢いにうっかり乗ってしまって言質を取られた揚げ句、あとでカウンターを食らってしまう禍根を残すことにつながってしまいます。国際交渉の場では、論破というのは最悪の手ということになるでしょうか。

論破で勝ってしまったら、もう相手とのパイプがそこでなくなってしまう。もうその先に待っているのは破滅的な未来しかない。そのときに犠牲になるのは自分よりも、自分が一番大切にしなければならなかったはずの家族や、仲間たちや、国民であるのです。論破よりも、痛み分け、ぎりぎりでどちらもに勝った、得をしたと思わせるようなイメージがいいというわけです。

いわば、100：0でなく、51：49で辛勝するイメージといえばいいでしょうか。身内に対しては自分たちが51のほうを取っているように見せるのではあるけれども、相手にも「自分たちが51を取った」と、ほくほくとさせるように、どう持っていくか。「お互いに手打ちで痛み分けですね」「今はこういう結果で互いに妥協があったけれども、また何かあったらよろしくお願いします」という形で決着をつけることが、とても大切、ということになるでしょうか。

これは、互いに関係を完全に断絶することがどうやっても不可能な隣接した国同士であるとか、困ったときに誰かのヘルプなしにはもう立ち行かないような環境にいるとかいう状況にある場合にはどうしても必要なやり方です。繊細に計算してこちらが少しだけプラスになったように身内には思わせて納得させ、相手の恨みも買わずに済むような落としどころにうまく持っていく。それが、あとにかかってくるコストやリスクを考慮した場合、最も利得の高い最適解になります。

条件によって、論破か互恵か、どちらが得になるのか、行ったり来たりするということになります。前項で述べた通り、流動性が高くインフラが一定水準以上整っている環境が継続するのであれば論破の時代になっていく。

日本は、どちらになるでしょうか。現代の東京は、日本および日本史における時空間内の特異点のようなもので、論破が有利になる条件が比較的そろっているように見えるかもしれません。が、そのほかの日本の諸地域、なかんずく、それらを代表する都市としての京都は、むしろ論破とは逆の戦略が必要になるし、大変な分だけ、能力的に磨かれる部分も大きいということになりそうです。

京都式と江戸式の違いはどこからくるのか？

京都のイケズ vs. 火事と喧嘩は江戸の華

日本というのは、つい一言で「日本」といいたくなってしまいますが、南北に長かったり、山がちだったり海岸線が複雑だったりして、地域間の交流がそう活発とはいえないエリアも多く、地域性が一様ではありません。

繰り返しになりますが、歴史学のある先生のご意見をうかがうと、東国と西国というのは全然違う国だといいます。東国と西国とは文化的に分けて考えなければならない。都のあったのは西国ですから、当然、断然西国のほうが先進地域ということになり、東国は鄙《ひな》、田舎でした。

当時、文化的・技術的に進んでいた国が大陸や半島にあったということもあります。日本の歴史上、長い間、新しいものがどんどんやってきたのは、そちら側からでした。もちろん、海から入ってくるのですから、条件のいい港も必要です。何なら大陸、半島から渡航して居住する人もいたでしょう。

焼き物の窯《かま》などを見ても、土の問題もあるのでしょうが、西に多く偏在しており、技術が伝わってきた経路が残されているようでもあります。実質的な日本文化の中心は江戸ではなく京都、ということになるかと思います。

東国とは比べものにならないレベルで、言葉のアートとしてのコミュニケーションが洗練され、高度なやり取りを楽しもうと日々工夫をこらしもしたでしょうし、また、よそから来た人に対してできるだけ安全に対応しようと苦心を重ねた地域でもあったでしょう。

ちなみに東京大学の大橋順教授のグループの研究に、このようなものがあります。Yahoo! JAPANが出資し、2020年まで実施していた遺伝子検査サービスに集まったデータで、許諾の得られたもののうち、縄文人由来のゲノム成分の割合が高かったのは沖縄、九州、東北でした。一方で、渡来人由来のゲノム成分の割合が高かったのは近畿、北陸、四国だったそうです。

この研究と、遺伝学や考古学における先行研究の結果を考え合わせていくと、縄文人たちの子孫と、渡来人たちの子孫とが混血していく過程はかなりゆっくり進んだのではないかと推定され、相応の時間をかけているのではないかと考えられています。

近現代においても、戦前までは地域差はあっても平均的にはあまり地域間での通婚率は高くなかったとみられており、この分析で分かってきた現代にも残る遺伝子の分布のムラは、都道府県ごとの県民性の違いを説明するのに一定の示唆を与えるものとなっていると考えてよいでしょう。

京都という地域の特殊性は、1000年以上もの間、常に多くの人が憧れる都市であり続け、外からの人が大量にやってくるところでありながら、コミュニティがある程度の大きさを持ち、しかも階層間の流動性が低いため、そのルールを容易に変えられない、というところにあります。

また、さらに特殊な事情として、長い間、一国の首都であったというところは外せません。そこでは、コミュニティのルールが容易に変わってしまえば、階層によっては政体にも影響をそのまま与えかねない。簡単には内部のルールを変えることが許されない、そういった流動性と保守性のダブルバインドの状態（2つのメッセージが矛盾した板挟みの状況）が長く続いた土地であるというところにも、京都式のコミュニケーションが醸成される素地があったと考えられます。

なぜ京都は「よその人」に敏感なのか？

人間関係というのは、誰が相手でも同じように接するのではない、ということは皆さん経験上よくご存じのことでしょう。少なくとも多くの人が二段構え以上の段階をつくっているはずです。いつでも誰にでも同じ顔をするようには、人間はできていないのです。

ざっくりいうと、よその見知らぬ人なのか、仲間なのかを自動的に分けて処理するような仕組みになっています。赤ちゃんのころから人間は人見知りをするというのはその証拠でもあります。仲間と他人を見分ける領域は、人間の発達段階のごく初期、かなり幼いころから機能し始めているのです。

ここで問題になってくるのが、コミュニケーションをとるときに、自分たち仲間のルールを優先するのか、よその見知らぬ人のことを優先するのかです。

ちょっと考えただけであれば、まず自分たち仲間のことを優先するのが普通のように思えます。

が、実際はどうでしょう。初対面の人や、めったにいらっしゃらないお客様の都合を優先し、家族や友達の都合を後回しにするというのは、よくあることではないでしょうか？

これは、「よその人には、身内のややこしい事情に首を突っ込まれる前に気持ちよく帰ってもらわなくてはならない理由」があるからです。特に京都は長い間、ここを取れば日本を取ったと同義になるような都市であり続けましたから、多くのよそ者が、強引にでも仲間になろうと、これでもかと押し寄せてきたことでしょう。

よその人というのは仲間と違って、何を言えばどう反応するかがよく分かっていない相手です。普段からその人に接しているわけではないので、もしかしたら急に怒り出して何をするのか分からないかもしれない、というリスクが高いのです。

そういう人には、何をするか分からないリスクを回避し、深い仲になる前に気持ちよく帰ってもらわなければ、あとで大変な目にあう可能性があります。場合によっては、町ごと焼き払われてしまうかもしれない。

京都は、長らくそういった「よその人」をうまくあしらう必要があった、さもなければ本当に街区ごと焼き払われてしまうリスクに常にさらされる。そういう特殊な土地であったということは、多くの人の認識として共有されているところではないでしょうか。

世界におけるアメリカ、日本における東京

江戸／東京というのは、徳川家康が江戸幕府を開府してから現在までで約400年

という都市です。太田道灌《おおたどうかん》が江戸に築城して約150年後に、家康が関東に入り、河川の流れを変更したり、新田を開発したりなど本格的な造成が始まっていきます。それまでは小田原や鎌倉が関東の中心地であったわけですから、首都としての歴史は約400年ということになります。これはアメリカの歴史とほぼ同じ長さです。

もともと江戸に住んでいた人よりも多くの人間が職を求め、あるいは移住させられるなどして急速に流入してきました。

スペイン帝国時代の貴族ドン・ロドリゴ（ロドリゴ・デ・ビベロ）の『日本見聞録』によれば17世紀の初め（江戸幕府が開かれたころ）には15万人ほどの規模の都市だった江戸は、急速な発展による労働力の流入を経て、およそ100年後の18世紀初頭には人口が100万人を超えたと推定されています。

天保年間（1830―1844）には天保の改革で「人返し令」（江戸の人口を減らし、地方の農村部の人口を確保して帰農を促すことを目的に発令された法）が出されるほどでした。

こうした、急速に発展した都市では、もともとのコミュニティがほとんど存在せず、誰もがよそ者であるという状態が現出します。そこでは、よそ者を優先してまで守るべきものは特になく、互いによそ者として自分の気持ちを重視して率直に伝え合い、その上で折り合いをつける、というやり方が合理性の高いものとして採用されていったと考えられます。

さらに江戸は、構造的、気候的な条件が重なるのか、しばしば大火や大地震などの災害に見舞われる都市でもありました。

自分たちのコミュニティをよそ者から守るよりも先に、天災がやってきてしまう。「宵越《よいご》しの金は持たない」のが江戸の美徳（粋）であるという価値観が生まれていきますが、これは実は、単に金銭のやり取りだけに言及した言葉ではありません。今を楽しむことが重要だという江戸っ子の意思表示でもあります。

これは、後々のことを考えて二重三重に張り巡らした防衛的なコミュニケーションをとる、というあり方とは真逆です。

京都の価値観とはかなり違うということがここまででも分かると思います。また、江戸では「火事と喧嘩は江戸の華」とまでいわれるようになっていきます。互いに自分の意思を率直に表現してぶつかり合うことが称賛されるという江戸文化のありようは、繰り返しになりますが、京都式とは正反対の様式として発展していったと考えてよいでしょう。

自分の話になり恐縮ですが、私の家はずいぶん長いこと江戸に暮らした一族であったことが戸籍や過去帳を見るとたどることができるのですが、たしかに相手の気持ちを忖度するよりも自分の気持ちにまず正直になり、その上で折り合いをつけるためにどうするかを考える、という志向性を持っています。

ひとつひとつの物言いの中に、そういうものが出てくるな、というのを感じますし、たしかに江戸の人は自分の言い分をまず正直に言うというのがかっこいいと考えていたのだろうと思うのです。

自分の言い分を言って、相手も相手の言い分を言う。それで激しい喧嘩になったとしても、「宵越しの金は持たない」と一緒で、「宵越しの恨みは明日にはきれいさっぱり忘れるんだ」という文化です。

江戸式の文化の中で育ってきた、私のような人間の目線から京都の人を見るとき、本当は何を考えているんだろう、この人の気分を害してしまっているのではないか、とちょっと怖くなってしまうところがあります。方言が持つある程度の差異はあるとはいえ、同じ日本語を使っている同じ国民同士の間なのに、これだけ戦略が違うと、なかなか意思の疎通を遺漏なく行うというのは大変なことです。

現代は、江戸式のようなものがむしろいいとされる世の中かもしれません。相手を論破し、やりこめて、スカッと気持ちよくなるのがよいとされることが、昔よりもさらに多くなったように見えます。

けれど、自戒も込めて、ある種の危機感を江戸の人間として持ってしまうのです。日本は流動性も過去と比較して高くなった。土木・建築技術も進歩し、災害に対するレジリエンスも高くなった。交通インフラが整い、物流も活発になった。つまり、コミュニティをある程度無視しても一人で生きていける社会ができたのです。

このように個人ならば少なくとも都市部を選んで生きれば妥協的なコミュニケーシ

ョンをせずに済むかもしれない。しかしながら、社会そのもの、国そのものは引っ越せないわけです。となると、高次の外交戦略として生きてくるのはやはり京都式であろうことは論を俟《ま》たないでしょう。

論破するよりも互恵関係を築いていくことの価値が実は高いことを、今、見直してみるべきではないでしょうか。

民主主義である政体を維持していくならなおさら、民衆が相手を論破していく快感にのまれていくことは恐ろしい。相手をたたきのめすことの快感を利用するために仮想敵を設定し、民衆がその仮想敵に対する敵愾心《てきがいしん》で団結しようとする力をもって政権を維持しようとする動きというのは、どの国にも見られる現象ですが、それが行きすぎてしまったとき、取り返しのつかない禍根を残してしまうことの危なさを今こそ、再考すべきなのではないかと、危惧するのです。

「伝えきらない」ことが生み出す新たな「いい関係」

イケズは外国人に通用するのか

「お宅のお嬢さん、ピアノうまくなりましたね」とアメリカ人が言われたらどうなるでしょう。

もちろん人によるでしょうが、かなりの確率で、イケズが通じないかもしれません。「うまいでしょ？　将来は音楽大学に通わせるつもりなんだ」といった返答がありそう。そして、その瞬間、京都人はあのあいまいな上品な笑みを浮かべ、スッと引いていくのでしょう。

もちろん、江戸の人間も同じように言われたら「へっ、そうでもねえよ」と言ってうれしそうな顔をすることでしょう。そして、その瞬間、京都人はふふふと口の端に笑みを浮かべて、スッと引いていくのでしょう。

江戸の人間にとっては、この笑みは恐怖の笑みでもあります……。

江戸時代の日本にピアノはなかったのではというツッコミはさておき、京都人が「うれしいわぁ」と口にしたとき、それは本当に、うれしいときもあれば、うれしくないときもあるといいます。初心者には見分けが難しい。

京都人は、これは見分けなくていいんですよ、とも言います。本書には、見分ける方法についての項目も一応設けましたが、そういった感知ができなくても、京都人は「この人は感知しないんだな」と思ってそこで流すのだから、そこで話が終われば別にいいのですということでした。

もしそこで会話が途切れてしまっても、それは単に「これ以上この話はしたくないです」というような表明にすぎず、ただよそ者として扱われるだけなのだから、それ以上リスクが大きくなることはない。そこで話が終わればいいというわけです。

たとえば、「けったいな人やな」と言われたらもう「怒ってる」ということだと感知できれば、それはそれで分かっているということにはなる。けれど、そこは伝わってても伝わらなくてもよくて、大事なのは完全な決裂をもたらさないというところ、物理的な破壊のリスクを避けるというところなのだから、コミュニケーション上、一見そこは割り切れない感じがあるところをあえて残しておくのがむしろテクニックともいえるのだといいます。

「理想のコミュニケーション」とは何か

対照的に江戸式、または現代社会風の「本音で言え」という話は、要は「ちゃんと伝わるようにしましょう運動」と言い換えてもよいもので、「こちらの言うことは間違いなく、自分の考えを100％言うから、それを100％受け止めてほしい」という、割と無理筋な要求でもあるわけです。

そんなコミュニケーションは、伝達効率としては理想的なのかもしれませんが、人間関係を維持するということを目的とした場合、実はあまりいい方法ではないのかもしれません。なぜなら人間の脳には限界があり、自分とは違う考えを持つ相手の十分な理解のためにはエネルギーも知能も時間も必要で、端的にいえば、疲れるからです。

冷静になって考えてみれば、100%本音を分かってもらう必要なんてなかったな、としばしば自省的になるということは多くの人に経験があるのではないかと思うのですが、実際はそんなに高解像度でいちいちこちらの情報を伝える必要はないのに、伝えるべきだ、という基準が設定されているだけで、本音で言わなかったということが互いを傷つけ合ったりしてしまうという場面もよく見かけます。

京都式では、「伝わらないこと」が最初から織り込み済みです。その1つの言葉の中に、相手の受取レベルに応じて2つの選択肢が必ず入っています。

伝わらなかったときは、それはそれでいい。誤解されたそのままの意味でコミュニケーションを続けていく。ただ、伝わったらちょっとうれしいな、というところはあり、その伝わったうれしさをどこかににじませておく。
伝わったときはお互いすごくいい感じの関係になれるし、伝わらなくても特に問題は起こらない。仮に、相手を拒絶するにしても、「あなたのことは嫌いだから二度と来ないでください」とは言わない。「この人には今ちょっと近づかないほうがよさそうだな」「じゃあしばらくは来ないほうがいいかな」と思ってもらうくらいで十分で、そうすれば結果的には同じことになり、相手から来ることは事実上なくなるわけですから、コミュニケーション法としてこれほど洗練された、スキのない方法はないということになります。

こういう状況を実際に見るにつけ、東京育ちの自分は、京都はすごいところだなあ……と感じさせられてしまいます。

イケズを感じる脳、感じない脳

日本人に「空気を読む」文化が存在するわけ

京都人のものの言い方を、ちょっと怖く感じる……と日本の多くの人が思うのは、ある意味独特の素地があるといっていいものです。脳機能的には、セロトニントランスポーターによるところもないとはいえないのではと思います。

セロトニンというのは有名な物質ですから、もはや説明の必要はないと思いますが、この脳内での流通量を左右するたんぱく質があり、セロトニントランスポーターというのがその一つです。これは、多く存在する人と、中くらいの人、少ない人と3パターンいて、日本には、少ない人が一番多く、その次が中くらいの人です。多い人というのは3%ほどしかいません。

この3%の人というのは、セロトニンの流通量が多くなるのか、あまり不安を感じないタイプと考えられています。どちらかといえば、「ピアノうまくならはりましたね」という含みのある表現をされても、「そうでしょう、でも、もともとうまいですよ!」などと返してしまうタイプ。やはり日本には、無心にこういう風に返事をするタイプは少ないのではないでしょうか。もしかしたら、これって例の京都風の言い方なのでは、と内心不安になったりしている人のほうが多数派を占めるように思います。

というのも、定期的にネット上をにぎわすネタとして京都人の言い回しが挙がってくるということは、多くの人がそれを気にしていて、「実はあれはああだったのではないか」とそこはかとなく不安になったり、いわゆる「あるある」を感じてその感覚を共有したくなったりするからだろうと推測されるからです。

日本人なら、「京都のイケズ」を、使いこなすことはできずとも、いわれてみれば何となく理解できるというのは、やはり内心不安を感じる人たちが大多数を占める国ということでしょう。

使いこなすにはトレーニングが必要ですが、このセロトニントランスポーターの少なさというのはあたかもイケズ受信機のように働いて、「あっ、ここは踏んではいけないところだ」などと、人の行動を抑制するようなところがあるのです。

現代なら携帯電話にはSIM（SIMカード）が必要ですよね。電波を受信するためのチップです。ほとんどの人には入っているのだけど、たまに、SIMが入っていない人がいる、という感じといえばよいでしょうか。

けれど、SIMが入っていても入っていなくても、日本から出ちゃうと圏外になる。イケズが通じない国になってしまう。今はローミングできるよという人もいるかもしれませんが、違う会社が担当しているというか。アメリカならアメリカ、中国なら中国の会社の電波になるという感じでしょうか。


ちょっと不安症のほうがうまくいく？

成績優秀者を、思春期世代の子どもたちの中から選び、そうでない子どもたちと比較すると、不安傾向が強いということが分かっています。不安傾向の強い人のほうが、少なくともテストの成績では優秀だと評価されやすいという現象があるのです。不安傾向が強い人というのは、ネガティブ・フィードバックを自分自身に対してかけて、「ここがダメだ」というところを抽出し、自分でそれを補強するために学習することができるという能力を持った人でもあります。

そうなると、学校でなされる教育というのは、不安であるほうがより高く評価されやすい。さらにその成功体験が積み重なって、不安なほうが得をしやすいということも学習することになりますし、あまり調子に乗るといい目を見ないということも自然と身についていくということにもなり、よりその傾向に拍車がかかります。

どなたかは忘れましたが占いの人が言っていたかと思うのですが、日本では、将来どんな悪いことが起きますか、と頻繁にお客さんから聞かれるといいます。一方で欧米では、将来どんないいことが待っていますか、と聞かれるのだと。これは国民性の差、文化間の差として片づけられてきましたが、遺伝的要因も無視できないのではないでしょうか。

不安を煽《あお》る本が特に日本では売れ筋になることが多いらしいのですが、これもセロトニントランスポーターの少なさに起因していると考えれば説明がつきます。

プロスペクト理論――勝ち組はより慎重に、負け組は一発逆転を狙う

プロスペクト理論として知られている意思決定モデルがあります。これによると、勝っている人は今持っている得をできるだけ減らしたくないと考えて、より堅い選択肢を選ぼうと慎重になるといいます。

反対に、負けている人は、今の損をできるだけ早く減らしたいと考えて一発逆転を狙う、というのがこのモデルの骨子です。

自分の利益が人より勝《まさ》っているなというときに、より堅くリスクを減らす戦略でいこうというのは、あながち不自然な話ではないでしょう。逆に、自分が負け込んでいると感じるときは、一発逆転を狙って、もっと自分の利益を増やさなきゃ、少なくともマイナスから0にしなきゃ、と焦ってしまう側面が人間にはあります。

京都、なかでも、洛中に代々お住まいになっていて、自身も京都に長く住んでいますという方は、日本の中ではもしかしたら勝ち組といっていい人たちだったのかもしれません。

勝っている人たちはむしろ一発逆転を狙わず、堅くいく必要がある。相手を論破したりせず、今ある状況を何とか維持することが最大の利益となるわけです。

一方で、これからもっと自分が本気を出して何かを成し遂げなければならない、あるいは、サービス精神で何かをしなくてはいけないと思っているという人は、一発逆転的な言葉を安易に発してしまって、失言をしてしまう状況も増えかねない。

この理論からいうと、勝っている人ほど慎重にものを言っている、ということになります。リスクをなるべく増やさない。心理的に「これ以上、自分が地雷を踏んだりしたくない」とか、「もしこの人が同僚になったとしても、自分のことを悪く思われたくない」とか、そういう回避心理が働いて、できるだけ抑制的に、謙虚に振る舞うようになります。

「いやぁ、ちょっと自信ないんですよね」などと、あらかじめ予防線を張っておく言い方が安全で得をするという判断をする傾向が強くなるでしょう。

成績優秀者の「テスト、できなかったよ」はだから信じられない

たとえば、京都の話ではないのですが、成績優秀者の「全然できなかったよ」は「(いつもはこれくらいできて当たり前なのにそれほどは)全然できなかったよ」ということです。そして、成績優秀者は、本当にできたときは、何も言わないことのほうが多いと思います。なぜなら、自慢することの多方面にわたるリスクを予測できないわけではないからです。

一方で、成績がさほどでもない人が「結構できた」と自慢げに言っていたとしたらそれは、おそらく60点ぐらいなのではないでしょうか。成績優秀者なのかどうかという事前情報がなかったとしても、その人の言い回しだけで、何となくその出来具合が見えてしまうというのは、直接的な情報ではないけれども、なかなか興味深い話ではあります。

「お酒がそんなに飲めないんだよね、ワイン1杯ぐらいでもベロベロです」とちゃんと量で言う人は、まあそんなものなのだなと分かるけれど、「いや、大したことないんですよね」と量を言わずに謙遜だけする人は、これは大変な大酒飲みである可能性があるので気をつける必要がある、というのも同様の構造かもしれません。

「実るほど頭《こうべ》を垂れる稲穂かな」を求める空気感

勝っている人は勝ちをアピールすると危ないことを知っている、というのはもしかしたら、セロトニントランスポーターの話と結びつくところもあるかもしれません。日本特有のおもしろい制度として、ホールインワン保険というものがありますが、これは、ゴルフでホールインワンを達成すると、周りの人に対してご祝儀を配らねばならないので、かえって経済的には打撃になってしまうため、ホールインワンを「してしまった」というときのために保険をかけておく、というものです。ホールインワンは普通に考えればめでたいことであるはずなのに、事故扱いになってしまう。ちょっと変わった国ですよね。

おめでたいことが誰か一人に起こると、これは実質的にほぼ事故のような扱いになってしまう。

田中耕一さんがノーベル賞をお取りになったとき、1年で髪の毛が真っ白になってしまわれました。メディア対応やら何やら、おそらく大変なことがあったであろうことが推測されますが、この国では、目立った業績を上げてしまうと、それは事故と同じような扱いで、皆が称賛するようであってもその実、一人勝ちした人に対して、「どうして自分にはあのような幸運がやってこなかったのだろう」とひがむような目で見る人というのは存外に多いものです。

京都では自慢話をするというのはあまりかっこいいことだとはされていないようだ、というのもお話しした通りです。目立つのもちょっと品がない。ピアノが上手、というのもある種そのような感じのちらつく言葉ではあります。「なんか自慢してる」「ちょっとよく思われたいと思っている」というような……。

そう考えると、この問題も100：0で相手をノックアウトするような自慢話をするというのがどうも京都にはなじまず、半々ぐらいで妥協しておき、相手に花を持たせたことにして自分は安全と満足を得るというやり方が最も洗練されて美しいということに落ち着きそうです。

「この分野は素人なのですが」の一言が生み出す緊張感

「この分野は素人なのですが」という言い回しがどこから出てきたものなのか、由来が不明ではあるのですが、アカデミックではよく使われ、学会などで多用されるフレーズです。

自然科学系では、早い人では学部生の半ば以降くらいから、少なくとも大学院生になると学会における口頭発表の機会を持つことになります。が、質疑応答の時間に高名な先生から「この分野は素人なのですが」と口火を切られると、会場に大いに緊張感が走ります。
学生によっては本当に額から汗をだらだらと流し、手が震えてしまって、声を出すのもやっとになってしまう人もいます。

単純に考えて、その学会に参加している先生なのですから、圧倒的な量の基本的な知識を持っているはずで、その先生がわざわざへりくだるようなものの言い方をして聞いてくるわけですから、裏がないわけがないのです。

その心の裡《うち》は「お前の答えは俺を満足させてくれるんだろうな？」という挑発的な強い意思で満たされており、この学生を試してやろうという興奮で高ぶった気持ちが隠されていることが往々にしてあるのです。
昨今のウェブ漫画などでよく見かけるドSのイケメン上司のようなすごみ以上のものが現実に存在するのです。2次元だけのものではないのです。

ものごしやわらかながら、いざとなるとこういった迫力をリアルに漂わせてくる老先生方は、そこそこの数おいでになります。ただ、東大の先生よりも京大の先生に多かったような記憶があるのですが……「京都大学」と「京都」は別物かもしれませんけれど、一応、これも京都式のコミュニケーションに入れさせていただいておいてもよさそうでしょうか。

コミュニケーションを怖がりすぎなくていい

社交辞令と本音をどう見分けるか？

京都人ではなくても、状況的に「おいしい」と言わないとならないので、とりあえず「おいしい」とは言っておくけれど、実はそうでもないというときがありますよね。「自分はそうでもないけど、みんながおいしいと言っているようだ」とか「つくった人の前では微妙な感想は伝えにくい」だとか。

とはいえ、圧倒的においしいときも、「おいしい」しか言えない。

京都人はここを利用します。本当においしいと思っているのかどうか判別できないようなぎりぎりの、そこはちょっとぼかすことができるというところ。そこは文脈と関係性で判断です。

たとえば、何か手みやげを持っていったという場面を想像してみてください。まず、2回目に持っていったときに、変な顔をしたらそれはもう持っていってはダメ、ということは京都人でなくとも分かることでしょう。けれど、1回目は難しいかもしれません。微妙なものを持ってこられた場合は、京都人はどのように言うのでしょうか。

うかがってみたところ、持ってこられたものは、「これは好物なんですよ」と必ず言うとのこと。さらに難しくなりましたね……。

ほぼ「いやぁ、これ好きなんやわ」と必ずといっていいほど言うというのが私のうかがった方からのご意見でした。ここまではもう決まった儀式のようなもので、当たり前なので、本当に喜ばれているかどうかはこの段階では分からないそうです。

コミュニケーションの術として、そのお菓子について知っていることを話そうとする、ということもあります。たとえば、これ東京のどこそこのお菓子やね、ですとか、テレビで見たわ、とか。ただそれは、コミュニケーションのために使う表現なので、結構適当であったり、間違っていることすらあって、つまり「テレビで見た」と言っているそれは、違うお菓子である可能性も多分にあるのですが、聞いている側もこれを馬鹿真面目に訂正してはならないのです。

「ああ、いいやり取りをしようと思って、言ってくれているんだな」と好意的に聞いておくのがよく、総じて「何かを持ってきてくれたこと」自体を喜んでくれているということを受け止めるべきなのだということでした。

なので、おいしかったかどうかは二の次で、本当は怖がらなくてもいい。けれど分かったほうがよりいいコミュニケーションがとれるという、フェールセーフの構造(誤操作や誤作動の際に安全側に動作するようにしておくこと)が京都式であるのです。カリフォルニアの人が「あなたに会えて本当にうれしい」と満面の笑みで言うのとか、フランス人のジュテームと同じような用法といえばよいでしょうか。

ただ、話がもっと具体的になっていって、このお菓子のこういう味が好き、というような情報が解像度高く入ってくるというようなことがあれば、それはたしかにそのお菓子を知っていて、本当に好物なのかもしれない、ということは考えておいたほうがいいようです。

また、本当にイヤだ、というときは、この人からはもう、ものをもらったりするのさえもイヤだ、ということで、むしろほとんど何も言わないとも。「ありがとう」ぐらいだそうです。それでも「イヤだけど、あなたを傷つけたくない」という気持ちの表明ではあると思っておけば、さほど互いに角も立ちません。

「イケズ」は思いやりの一つの形

京都の中の人の感覚としては、表明の仕方がだいぶ大げさでまわりくどいかもしれないけれど、裏も何もあるわけではないのだそうです。「つまんないものを持ってきやがって」などと思っているわけでもなく、「何だか分かんないけど、とにかく気を遣ってもらってありがとうございます」ということだけを、相手もなるべく喜んでくれるように頑張って言っている、ということなのだそうです。ただ、このあたりは、京都の中の人自身の性格や、その人との関係性によって、若干、温度差というのはあるのかもしれません。

本質的には、そこの気持ちを受け取っておけば、コミュニケーションとしては円滑に進行します。別にそのお菓子が好きかどうかは、大きな問題ではないのです。「気を遣って持ってきてくれたんですね」というお気持ち同士のやり取りが重要なのであって、本当においしいものであれば自分で買って食べてもよいわけですから。

なので、これはもし本当に好物で、とても喜ばれたということが実際に分かったとしても、「次回は10個買ってこよう」などと頑張らなくてもよいということでもあるのだそうです。本当に好物であるかどうかは、あくまで分からない体でやり取りする。したがって、頑張って好きなものを無理に用意していくということは、よほど自信があるのでもなければしなくてよく、円滑にやり取りできているということそのものを重視するのです。

ものが重要なのではなく、関係性を重視する。ある意味最もエッセンシャルなことを、言葉を究《きわ》めることによってやり取りしているということになるでしょう。京都人は非常に洗練されたエレガントなコミュニケーションを、やはりこうしたささいなところにもすみずみまで丁寧にされているのだな、と仰ぎ見るような思いになります。

5章

ブラックマヨネーズに聞く!
京都人の驚異の
言語センスと笑い

ブラックマヨネーズを生んだ京都という土地

ブラックマヨネーズのお二人は、ご出身は洛中というわけでなく、桂と伏見でいらっしゃいます。洛中の方からは、そんなん京都とちゃうわ！　と言われるそうです。京都じゃない、と言われるけれど、中野があえて京都についての話を聞かせてほしいとやってくるので、それに合わせてくださって京都ということにしておこうか、という体で今回も話をしてくださったのではないか、とお二人のやさしさを感じます。

京都から遠く離れた場所から見ていると分からないものですが、洛中とそのほか、という線引きは厳格なようです。このたてわけの厳しさについては、しばしば耳にする話ではあっても、なかなか実感としてとらえるのは外野の者には難しくもあるところではないでしょうか。

対談は、日経 BOOK プラスで全編公開中。対談第1回は、
https://bookplus.nikkei.com/atcl/column/091400130/022700004/
（第2回以降は上記ページのリンクからお読みいただけます）。

この線引きには、きっと、暗黙の裡に醸成されている京都人らしい誇りの源泉がここにあるというような長い長い歴史が生んだ意味性が多分に含まれており、外野がどうこう言える問題ではないのでしょう。

ただこういう現象があるということは、遠くから見ればネタとしてたいへんおもしろいものであり、一周回って京都人の京都人性とでもいうべき何かが、際立って個性的にうつるので、ひときわ京都という土地の独自性が魅力的に感じられる要因ともなっていることはたしかでしょう。

ブラックマヨネーズのお二人は、私が書くまでもないことですが、長らくお笑い界でトップレベルのおもしろさで活躍し続けていらっしゃるコンビです。同業のお笑い芸人さんからの評価も高く、安心感がすごい、大好き、など、肯定的な声ばかりが聞かれます。

ブラックマヨネーズは『M－1グランプリ』で2005年のグランプリを勝ち取っておいでですが、あの年が一番すごかった、と多くの芸人さんがおっしゃいます。河本準一さん、トシさん、藤森慎吾さんもYouTubeのお三方の鼎談《ていだん》でそうお話ししていらっしゃいました。※ また、MCを務めていらっしゃる今田耕司さんも、テレビ東京の番組『あちこちオードリー』の中で「劇場とかで経験した『ボガーン!』というのを見た」「ゾワ? ってきた。衝撃だった」と語っておいでです。※※

同じ業界の人から一目置かれる、というのはどの業界にあってもなかなかないことです。たいていは妬みややっかみの声が聞かれるものですが、ブラックマヨネーズのお二人については皆さんその才能を手放しで称賛なさいます。

心理学的には、彼らは同業者からは妬みを持たれるような対象ではとうの昔になくなっており、「あの人たちにはかなわない、本当にすごい」と、「憧れ感情」を持たれる対象にすでになっているということなのだろうと推測されます。

やはり、本当に実力のある人たちなのです。素人目から見ても、短い時間にテンポよく言葉のやり取りを入れ込み、密度濃く切れ味鋭くトークを進めていくさまは、毎回実に小気味よく、何度も見たい聞きたいと感じてしまいます。その感覚を持つのは私ばかりではなく、多くのファンの皆さんがそのように感じていることでしょう。

お二人のやり取りは、言葉を選ばずに表現することを許していただければ、シンプルにおもしろい上にどこか中毒性があるのです。ミシュランで星を取るラーメンのような感じ、とでもいえばいいでしょうか。誰が食べてもおいしく、誰もが大好きで、しかも玄人中の玄人であるミシュランが調査に行っても、それを満足させられる質の高さがあるという、いわば最強の二人です。

同じことを誰かがまねしてやろうとしてもそれは難しいでしょう。ほかの人はほかのやり方をやるしかないので、比較の対象になることはすでになくなっているはずですから、憧れ感情だけを持たれるようになるというのも納得のお姿です。

お二人でいらっしゃるときも当然おもしろいのですが、お一人でもおもしろい。たとえば小杉さんに「出身どこですか」と聞いて「桂です」と返すという鉄板ネタをお持ちですが、出身地（ともしかしたらお名前も）で笑いを取りにいける形を成立させているというのは、もうさすがとしかいいようがありません。ヘアスタイルにも独自のこだわりをお持ちのようでいらっしゃいました。同じことをほかの人がまねしようとして言っても全然ダメなのです。なぜか小杉さんが言うとつい笑わされてしまう。何でもないことのようですが、これは本当にすごいことです。

小杉さんのツッコミのスタイルに合致する吉田さんのボケも切れまくっていて、たいへんおもしろいものです。何といってもリズムがすばらしくて、日常と違う世界に持っていかれて落とされる気持ちよさは吉田さんにしか出せない独特のテンポから生み出されるもの。それこそ中毒性があります。ごく真面目に哲学や思いを語っていくのかなと見せかけて、最後、思いもよらない方向へ連れて行ってもらえるというどこかミステリーツアーのような楽しみがあるのです。

この言葉の運用センスは、もちろんお二人のそもそもの才能が卓越しているということにほかならないのですが、もしかしたら（洛中ではないにしても）京都という土地が、そのもとからある才能を、より力強いものへと育てたのではなかったのだろうか？　というのが、まず私が聞いてみたかったことでした。

しかしながら、音声言語コミュニケーションがさほど得意とはいえない私が、そんな不躾な質問をストレートにぶつけても、お二人は上手にかわしてしまわれます。もうそのまま京都性を感じるお話のなさりようで（3章に、褒められたときの対応についてまとめましたのでご参照ください）、ああやはり洛中の方でなくてもこういった言語センスが育つ土地柄なのだなとますます仰ぎ見る気持ちが強くなりました。

たとえばこのような感じです。インタビューをさせていただく中で、お二人に、お笑いは大阪のイメージが強いけれども、同じ関西でも京都と大阪の違いがあるのだろうかということをお聞きしたときのことでした。

小杉さんは、それはあると思います、とお答えくださいました。お笑い芸人をまだ目指していらしたころに、小杉さんはよくこのように感じていらしたといいます。関西には、お笑いといえば大阪、というノリがあり、大阪人が二人寄れば漫才になるとよくいわれていた。けれど、京都はそこから一歩引いた場所。ほんまにそれおもろいか？　と客観的にとらえることができる。大阪人二人いたら漫才というけれども、京都人からすると、普通にしゃべってるだけのように見える、と。

いかがですか？　とても「京都」を感じませんか？

ご自身の才能を自分で自慢したり褒めたりというのは、「ぶさいくなこと」。こう答えるのが正解ですよということを小杉さんに教えていただいたような感じがしました。

直接的な言葉は一つも使わず、それでいて、京都という土地が持つアドバンテージと、そしてブラックマヨネーズの圧倒的な実力のすごさとが、やわらかいチャーシューからにじみ出てくるうまみのようにじんわりと伝わってくる。もうさすがとしかいいようがない。

そこへ吉田さんがダメ押しの一手を打ち込んできます。

大阪で買い物するときに、店主がなんかボケて、そこにいる人たちが軽く笑うというシーンがよくある。ボケていくで、大阪やで、こっちは！　という意気込みが見えてしまって、しょうもな、と思いました、と。

こうして吉田さんは吉田さんらしいカミソリのような一言をおっしゃったあとで、よく、相手に寄り添うフォロー的な発言もなさるのです。たとえばこんな風に。

「『なんかおもろいことを言わなあかん』という大阪の呪縛みたいなものがあるんやな、というのは感じますね」

このすばやい緩急が、ほかの人には出せない、吉田さんのトークの魅力なのです。

人間の心の動きをよく観察なさっていて、どの言葉にどんな風に人が反応するのか、感覚的に知っているのです。だから、言葉にこうした独自の鮮やかなコントラストがつけられるのでしょう。

お二人とも言葉の運用力が抜群に高く、それを使ってお仕事をされているわけなのですが、その下地には冷静で丁寧な人間観察があります。お二人の経験的な知の蓄積に対して、学問側のなんと解像度の粗いことでしょうか。

※「【ブラックマヨネーズ】M－1グランプリ2005チャンピオン〝ブラックマヨネーズ〟について語る！河本が見た〝御堂筋をパンツ一丁で全力疾走する吉田〟の真相とは…【エピソード】」（YouTube『こうもトシんご』2021年1月4日、https://youtu.be/zmuTbp9_aB8）

※※「今田耕司が語った『M－1優勝者』の共通点　アンタッチャブル、ブラックマヨネーズはなぜ『衝撃だった』のか」（J－CASTニュース、2021年4月1日、https://www.j-cast.com/2021/04/01408556.html）

ブラックマヨネーズのすごさに中野が思うこと

お二人と私は、『ホンマでっか⁉TV』(フジテレビ系)でしばしばご一緒します。

実は私は、『ホンマでっか⁉TV』が初めてのテレビ出演だったのですが、最初は、科学的な知見をどう一般の人に向けて話したらよいかがよく分からず、しかもテレビに慣れていらっしゃる芸人さん、タレントさん、専門家の先生方がたくさんいらして、自分の話す番もなかなか見つけられず、スタジオが戦場のように感じられ、どうしたらいいのか分からずたいへん困っていました。

一生懸命にしゃべったコメントもオンエアではほとんどカットされてしまうし、相変わらず話すタイミングを見つけられないし。見つけても、横からほかの先生がベルも鳴らさず話題をかっさらっていってしまう。腹が立ちもしますが腹を立てても仕方がなく、落ち込むことが何度もありました。

でも、端的に言って、これは自分の実力がないだけなのです。どうにかカットされずおもしろいことを伝えるにはどうすればよいか、知恵を絞らなければなりませんでした。そこに助けの手を差し伸べてくださったのが、小杉さんでした。

小杉さんは、全然そんな風には見えませんでしたよ、最初から堂々としてはるなあと思ってました（これも京都式だったらどうしましょう……）とお話しくださいましたが、本当にさりげなく自然に助けてくださるのです。

さっと私の発言を拾って、オンエアに乗るようにおもしろく展開してくださったり、私が素人ながらに突っ込めるネタをあえて提供してくださっていたりと、本当に本当に助けられました。

とても恩義に感じているのですが、それと同時に、スタジオをおもしろくするのが出演者の役割であって、自分だけが目立つことを考えるのは素人のやること、ということを教えていただいたような感もありました。

もちろん、小杉さんは口に出してそんな説教臭いことをおっしゃるような四角四面な方でも無粋な方でもありません。が、スタジオでの振る舞いが、そうこちらが学び取ることをきっと望んでいらっしゃるのだろうな、という感じがするのです。

それはもちろん私だけに宛てているものではなく、出演者全員がそうであるべきだという、半ば苛立ちとも願いともつかないものがあったのかもしれません。

ともあれ、小杉さんの出演者としての姿には非常に学びが多く、その意味でも大きく助けていただいたということに、とても感謝をしています。

吉田さんの、キレるように見えてド正論を思いもよらない方向へ持っていくというのも、もはやアーティスティックですらあり、この感じを私自身はまったくまねすることも展開のためのアシストをすることもできません。ただただおもしろい!! と受け止めることしかできないのがふがいないところなのですが、人間がつい本音で思ってしまうことを大きめに主張していくことの中におかしみを表現するスタイルで、やはり吉田さんの内観の深さであったり人間観察眼の鋭さというのが尋常でないのだと拝見し、あまりのシャープさと落ちのつけ方のギャップに、出演者でいながらつい笑ってしまうのです。

吉田さんのお話しぶりは単に一口で「キレ芸」と呼んでしまうにはあまりにオリジナルすぎます。ご本人は、言うこと言うこと否定されるから、声を大にして自分の気持ちを伝えていただけなんです、とおっしゃいます。

しかし、それだけのことなのにおもしろい、というのが吉田さんのすごいところであるのです。

京都のコミュニケーションは「じわじわ怖い」？

これは私だけの現象なのでしょうか、「NOと言わずにNOと伝える」というか、京都人からかけられた言葉は一見、やさしそう。でも、家に戻ってよく考えたら「あれは、もしかしたら違う意味だったんじゃないか？」と考え直して不安になってくることがよくあります。

思ったことをストレートに言われるよりも、あとからじわじわくるほうが怖くはないでしょうか。皆さんは、いかがですか？

ブラックマヨネーズのお二人にそのようにお聞きしてみたところ、そうかなあ？それは京都人に限った話かなあ？　と疑問にお感じになったようでした。

ただ、たとえば東京人は嫌みを言うときは、相手にすぐ分かるように言うのが常ではないかと思います。少なくとも私はどちらかといえば、思ったことをつい口にしてしまいがちですから、それを抑えるのに努力を要します。

口にしたそのときは人間関係が多少ゴチャゴチャしたとしても、翌日には感情的なしこりは忘れるべきで、人間は、指摘されたことに関してはそれを直そうと試みていくものだ、という期待をついしてしまうのです。私の家は特に先祖代々たどれるような江戸の家なので、そういうコミュニケーションがより、身にしみついているのかもしれません。

一方で、京都人は、ずっといい人の顔をして、それを崩さないように見えます。もしかしたら、京都以外の人には分からない何か電波のようなものを発信しているんじゃないか、私はそれをとらえそこねて、がっかりされたり腹立たしく思われたりしているのではないか、と怖くなるのです。

小杉さんは、私のやり方のほうが相手に対してちゃんと伝えてるから、やさしいんじゃないですか、とおっしゃいます。僕らは伝える気がないのだと。どんなに変だなと思っても、本人には言わず、気の通じ合ってる仲間とそのことについて話すという感じですと。

　自分は直接言うことはないけれど、この人はいつかどこかで失敗するだろうなあと、どちらかといえば、気づかせることはせずに、アホやなあと静観するのだといいます。

　吉田さんも、静観ですよというお考えに賛意を示しておいでです。たとえば、みんなでやった仕事なのに、自分は天才だからこんなにすごいものができた、と本気で言ってくる人がいたとして、そんなときは、やんわり毒を込めつつ当たり障りなく返しつつも、それでもまた次に会って同じことを言うなら、ほんまにアホやなあと静観しながら判断することはあると。どこかで痛い目見るのはこの人なのだから、それについてはまあどうぞ、というところだと。

　これは私から見ると、十分に怖く感じられるのですが、皆さんは、どうでしょうか？

「自然な反応」をコミュニケーションに取り入れる

伝えるやさしさ、伝えないやさしさ

さて、果たして不快な気持ちを直接的に伝えるのはやさしさなのでしょうか、それともぶさいくなこと、なのでしょうか。

たとえば香水がキツい人に対して、「ええにおいさせたはりますな」とか、「なんや、どこぞからええにおいがしてきたわぁ」と言うのが京都式回答だと京都人への聞き込みではうかがったこともあり、そのように本書では書いてきました。

吉田さんは、香水まみれで来られたら、「においキツいな、こいつ」とは思うけど、

あえて言葉にはしないのだそうです。

とはいえ、香水があまりにもキツくて、むせてしまったりすることもあると。そのとき、自然に「ゴホッ」となってしまった自分は好きです、とおっしゃるのです。わざわざ、自分がくさいと思っていることに気づいてもらおうとはさらさら思っていない。けれど、そのとき、自分がむせたことはラッキーだと思う、ということをお話ししてくださいました。

あっ、しまった、とならずに、自然に出た自然な反応を、コミュニケーションの中に取り込んで、使ってしまう。これはスマートな方法ですし、まさにエレガントな毒といってよいものではないでしょうか。

「あなたの言動は不快です」そのとき、どうする?

さらに、相手の言動に不快さを感じた場合はどうなのでしょうか、ということもお聞きしてみました。

吉田さんは、タクシーなどで、黙ってただ乗っていたいだけのときに、何だかむちゃくちゃしゃべりかけてくる運転手さんがいたとします、という例についてお話しくださいました。京都人だけではなく、みんなそうしてるんじゃないかという前提ではあるのですが、直接はもちろん言わずに、態度には出して、不愉快そうな顔をし、できるだけ会話がそこで終わるように興味のなさそうな雰囲気が伝わるような相槌《あいづち》を打つといいます。

小杉さんは、やはりタクシーのお話で、タメ口で話しかけてくる運転手さんがいたとき、という例を挙げてくださいました。タメ口はときに人と人との距離をぐっと近づけ、円滑なコミュニケーションを生む源にもなるものです。

しかし、自分は客で向こうはそれを受け入れる側ですから、タメ口で話しかけてこられることには違和感があるとおっしゃいます。たしかに、何だか変な感じがするかもしれません。

そこで、そういう場合は、相手が明らかに年上であっても、途中から自分もタメ口でしゃべることにしているのだそうです。そのタクシー運転手さん自身に、自分のしていることはちょっとおかしいことなのかもしれない、ということを伝えるためです。

勘のいい人であれば、途中から態度を改めてくれ、気持ちよく応対ができるようになる、とのことでした。

これらの対応は、お二人のおっしゃる通りで、言われてみれば東京人もそう変わるものではないかもしれません。京都人といえども毎度毎度、どこから見ても特別な行動をとるわけではなく、普通にほかの人々がとるのと同じような態度をとるものだということもまた、知っておくべきことなのかもしれないとも思います。

ご近所問題に悩んだら?

また、いただいたアンケートの中にはご近所問題もたくさんあり、それに関してどのようにお考えになっているかもうかがってみました。

隣同士というのは、揉めるものです。国同士もしかりかもしれません。これまでも何度かご紹介してきたように、有名なインターネットミームに、京都の人は、お隣のピアノがうるさいときは「ピアノ、お上手ですね」と言ったり、隣の紅葉の枝が伸びてきてたら「紅葉がきれいですね」と言ったりするというものがありますが、お二人はご近所の方に不快なお気持ちを持たれたとき、いったいどのように接していらっしゃるのでしょうか。

吉田さんは、以前にお住まいだったマンションでの体験をお話しくださいました。ベランダにセミの抜け殻が落ちていたので、それを隣のベランダに蹴った。そうしたら、翌日、また抜け殻が吉田さんの家側のベランダにあったのだそうです。吉田さんはそこで抜け殻を蹴り返すことはせず、捨てたとのこと。

このあたりの機微には京都らしさを感じないでもありません。蹴った、をもしやり返してくるのだとしたら、ここでやめておかなければエスカレートして大変なことになりかねない。最初はどちらから蹴り始めたのか分からないけれども、もし、先方のベランダに先に抜け殻があったのだとしたら、こちらが蹴り返した時点で、先方の敵意のようなものが増してしまう。向こうにあるものをこちら側にやるということは、こちらが感じた不穏な違和感を、先方も感じていたという可能性が高くなる。

こうした違和感をとらえてさっと引くということはするのだけれども、それでも、一度は蹴ってみる、というのが、吉田さんらしくもあり、京都を感じるところでもあるかと思います。

一度は観測気球のようなものを上げて、相手の反応を見るということをなさる。けれども、これはヤバい、という何らかのサインがあれば、直ちに引き上げるという危機管理も同時にするということになるでしょうか。


小杉さんは、僕のやり方はベタなんですけど……、と前置きをしながらお話ししてくださいました。

あるとき、マンションの隣の人がドアを開けて料理なさっていたそうです。そのにおいが強く、あたり一帯に充満してしまっていた。小杉さんは、そのドアの隙間から中に聞こえるように「なんか炊いたはるんかなぁ〜。ええにおいするなあ〜」と、あたかもお子さんに話しかける体で、声を張ってお話しなさったそうです。ちなみにお子さんはまだ大人の話していることはよく分からない年齢だったそうです。

また、そのお宅は、出前で取った寿司桶《すしおけ》も、本来ならばマンションの1階にそうした空容器を返す用の所定の場所があるのに、廊下に出して置いていらしたそうです。

しかもその桶は、ちゃんと洗っておいででないということなのか、酢飯のにおいが強くしていたといいます。このときもまた小杉さんは「お寿司食べはったんかな〜。ええな〜」と、声を張ってお話しなさったそうです。

それからというもの、料理の濃いにおいが流れてくることはなくなったし、寿司の桶もドアの外に置いておかれることはなくなったとか。

京都式のやり方かと問われれば、東京の人もやるかもしれませんが、直接言わずに間接的に伝わるようにする、というのを徹底していらっしゃるのはやはり大切なことなのではないか、と改めて感じさせられるエピソードであります。

「自分は危ない人ですよ」というアピールでトラブル回避?

吉田さんは、隣の人とのトラブルを避けるためには、自分を怖い、危ない人だと思わせておくのが有効だと主張なさっていました。

たとえば、窓の側に血まみれのマネキンを座らせて、ちょっとだけカーテン開けて見えるようにするのはどうか、というご提案です。これをすれば、近所の人が「あ、怖いな」と思ってくれるというのです。

ただ、小杉さんは即座に、それをすると、血まみれのマネキンとずっと生活をしなければならず、それはどうなのか、と鋭くツッコミを返していらっしゃいました。ワンルームだけだとそれはイヤだと。

それに対し、吉田さんは、ワンルームなのだったら全身でなく、首だけでもいいのではないかとボケ返す。小杉さんはさっと引いて、それはコンパクトでいいねと首肯する。

こうなるともはや、インタビューそのものが漫才のようです。こういった、ちょっとしたやり取りでもきちっと笑いを取りにいこうとするストイックさに、私はまた思いを深くしてしまいました。

吉田さんはさらに、女性が一人暮らしするときによく言われる内容についても言及され、もっと怖がらせることが肝要だと熱を持って語ってくださいました。

男物のトランクスを干しておけだとか、男物の靴を玄関に置くようにしろだとかいうことは、あんまり意味がないのではないかと思うと。これらの方法はいいといわれますけど、どうせなら、大工さんが履くようなニッカボッカを干すほうが効果があるだろうと。

小杉さんは、それに同調して、たしかにそれはいかつい彼氏がいると思われるから効果的だろう、という見解を示された上で、実は吉田さんご自身が、その手法を実践なさっていた、ということを、こっそり教えてくださったのでした。

そうです、「自分は危険です」アピールです。

好ましからざる人物には、家に来てほしくない。そこで吉田さんは、なるべく望ましくない人物が近寄ってこないようにするために、表札に、

「鬼塚」

と書いていらしたのだそうです。押し込み強盗は「吉田」より「鬼塚」のほうが防げると思ってそうしたのだと。

中野は思いました。

やはり、インタビューの間でも、それに応えるような体を取りながら、人を笑かすことにかけてはプロ意識を常に忘れないのが吉田さんなのだなあと。これが漫才師としてトップクラスの評価を手にし、第一線を走り続けている人の気概なのだと……。

ただ、表札の名前を変えるというのは、京都式かどうかといわれれば微妙かもしれません。けれども、直接的に「来るな」と書くわけでもなく、実はやんわりとした拒否の意を伝えるためのとてもユニークな手法です。

さらにいえば、受け取る側の人間の、意外な深層心理をあらわにしてくれるものでもあるなと思います。

どういうことかというと、こちらがただ者ではない感じを醸し出せれば、トラブル自体起こりにくくなりそうだというのは、正鵠《せいこく》を射ている可能性があるのです。

鬼塚、という名前は、鬼、という字の語感に強そうな印象があるということで吉田さんはこれを選ばれたのだと思いますが、同じ発想で、たとえば表札に「九条」「近衛」「中御門」とか書かれていたらどうでしょう。笑いは取れないかもしれませんが、知っている人は、あら身分の高いお家の方が、お忍びでこんなところに家を借りていらっしゃるのかしら、などと思うかもしれない。知らない人でも、どこか古い家柄を感じさせるようなこの字の並びを見て、ちょっと粗相はできないな、うっかりトラブルになってしまったらあとがよくないかもしれないな、もしかしたら最新のセキュリティが張り巡らされているかもしれないから空き巣に入るのもリスクがあるかも、などという緊張感を持つのではないでしょうか。

ちなみに、吉田さんは「鬼塚」という名前にびびらずにアタックしてくる人がもしいた場合、そのシチュエーションは怖すぎるので、という理由で、ほどなく表札を「吉田」に戻されたそうです。

京都人の結界意識

ブラックマヨネーズのお二人へのインタビューのときに、おそらく京都の中の京都といってても差し支えないであろう西陣のご出身の方とご一緒でしたので、その方から承ったお話を最後に書き添えておきます。

とても参考になるものだと思いますからどうぞ皆さんもこのお話を読んで、少しでも京都式のエッセンスを学び取り、ご自身の毎日に生かしていただけたらと思います。

「家の中に招かれる」

京都は、そもそも風水をもとにしてつくられた都であるというのは、中学生くらいの社会の教科書でやる通りで、多くの人が知っていることだと思います。風水の話でよく出てくるのは「結界」の存在です。その中にいる人を守り、外にいる人と中にいる人を分ける見えない壁のようなものといった認識になるでしょうか。この結界が、京都では、人間関係の中にも存在するといいます。以下、うかがった通りに記してまいりますので、どうぞご参照ください。

まず、パーソナルスペースに入られるのは、東京人よりも苦手。当たり前のことですが、初対面でプライベートを詮索したり、なれなれしい態度をとったりするのはご法度です。

現在の住宅事情だとまた状況が異なるのですが、昔ながらの町家には、玄関を入ると靴脱石《くつぬぎいし》があり、近所の人やちょっとした用事の仕事関係の人も、基本的にはここに足を置いて、表の間に腰掛けて話をします。ここが結界。これを越えて、現在でいうリビングやダイニングに上がるのは、正式なお呼ばれです。

京都人の家を訪問したら、いきなり上に上がってはいけません。まずは腰掛けからです。

「上にどうぞ」と言われて初めて靴を脱ぎます。「どうぞ」と言われても、招かれる側にそこまでの準備がない場合は「いや、今日はここで」と断るケースもあります。当たり前ですが上に上がるようなお招きを受けた場合、それ相応の手土産が必要です。

「昔から世話になっている」

特に商家にありがちなのが「昔から世話になっている」ルール。日常的な買い物も、たとえば豆腐はどこ、肉屋はどこ、店屋物はどこ、といった「昔から決まっている」店があります。

これがものすごく厳しく、たとえばいまいちおいしくないうどん屋A店に発注するのが決まりなら、仮にBのほうがおいしかったとしても、安易に変えることはできません。「Aさんとこが休みの日やないとBの岡持ちを家に入れるわけにはいかん」と却下されます。なので、京都の人におすすめの店を聞いても、いろいろなしがらみがあった上での答えになります。本当においしいところは公に言いにくいケースも多々あるとのことです。

「ご近所さんに笑われる」

京都人が一番恐れるのが、ご近所の目。代々同じところに住んでいる人が多いので、醜聞は末代まで語り継がれるのです。京都人にとって、大事なのは日本より町内。相互監視の下、近所の人に笑われないようにすることが、互いに生活を律する源なのだそうです。よくいわれる「ご近所さんの目がある」「お天道さんが見ている」「悪いことするとバチが当たる」は、犯罪の抑止力としても役に立っていると思います。

火の用心の活動が活発なのも、棟続きという京町家の構造上、火事は絶対に阻止しないとならないからだと考えられます。

あとがき

私の知っている京都人は「帰ってほしいときには『ぶぶ漬け』が出てくる」「先の大戦といえば応仁の乱」という言葉に、たいてい、怒りを感じています。また京都出身です、と言うだけで「裏表がありそう」とか「腹黒いんでしょう?」とか思われるのがイヤだとこぼします。

というか、こうした言説が流布《るふ》していることへの愚痴をこぼすとき、とてもイヤそうな顔をしています。

ただ、そこがまた京都人らしいところといいますか、イヤそうな顔といってももちろん、笑顔であるというところは崩さないのです……。

イヤそうな顔といえども表情はにこやかで、ちょっと困ったなぁ、堪忍しとくれやす、といったようなやわらかな感じを与えるものですから、私のような、無粋な京都人以外の者にとっては、気をつけていないと見逃してしまいかねないという厄介なしろものです。

京都人は、気づかなくてもいいんですよ、と言いはします。たしかに、そういう側面もあるのでしょう。分からない人にいくら説明しても、分かるようにはならないからです。説明したそのときだけしか分かってくれない。本人が気をつけて、感じ取るように努力し続けてくれない限り、言葉は永遠にすれ違い続けるのです。

表情のほんのわずかの色彩の違いで、それをくみ取っていかねば、彼らはあきらめ、にこやかに笑みを湛《たた》えたまま、心を閉ざしてしまいます。

まあ、最初から心を開いてくれているのかどうかと考え始めると、背筋がひんやりしてくるような感じも、するのではあるのですけれども。

一方で、これは読者の皆さんにうかがってみたいところですが、正直、実際の京都で「ぶぶ漬け食べていかはります？」などという言い回しを耳にしたことが一度でもあるでしょうか？

また「先の戦争」については、本当に京都に代々暮らしている方なのであれば、応仁の乱ではなくむしろ幕末の禁門の変のことを想起なさるのでは、とそもそもこちらが先に疑問に思わないでしょうか？　京都人でない、よその人でも、日本史の知識が多少あるならそのように考えるような気がするのですが……。

もちろん「先の戦争」が何を指すかについては様々なご意見があるでしょうし盛り上がる話題ではあるのですけれども、そこはいま議論のポイントではありません。ですから、もしここで俺／私の知識のほうが上である！　とばかりに入ってこようという気持ちが起きてしまったようなうっかりした人が仮にいたとするならば、京都人ばかりでなく中野からも心を閉ざされることになるでしょう。


さて、これは「『先の戦争といえば応仁の乱』と考えているらしい」という、京都人に対する誤ったイメージが、本人たちが釈然としないまま広まって固定化されてしまっているのが問題であるように思います。

そうした架空の、戯画化《ぎがか》され脚色されてしまった京都のイメージを見聞きするたび、これはまるで「カリフォルニアロールこそが日本の伝統的な寿司の代表格」であるかのように紹介されているのを見聞きしたときに日本人として覚える奇妙な感覚と似たものがあるのではないかと、勝手ながら推量してしまうのです。

とはいえもちろんこの推量も、よその人間である私が断りもなくしているのではあるのですけれども。

京都人が本当にこう言っているのは聞いたことがないけれども、なぜかネット上の言説では頻繁に目にするし、そういう人たちだと認知されてしまっている。京都の知り合いなんてそう多くもないのに、ネットの言説だけで「京都はこうだ！」と語る人が後を絶たない。

でも京都人は、はっきりと明示的にそういうことに対して抗弁するということをなさいません。それは、京都式に考えれば、美しい振る舞いとはいえないからでしょう。けれども私自身は京都人ではありません。むしろ彼らに敬意を持ち、畏怖する側です。だからこそ、この構造的なひずみに対して、よその人らしい不躾さをもってもののを言うことができるのではないか……という気持ちになりました。これは、本書を書こうと思ったきっかけのうちの一つです。

もちろん、そのきっかけは一つではなく、京都人の知己が増えるごとに、自分の言動が果たしてこの人たちを傷つけていはしないだろうか、イヤな時間を過ごさせてしまってはいないだろうかと、気になることが増えていったという背景もあります。かなうことならば、うまくコミュニケーションをとって、お互いにいい時間を過ごしたい。人間にとって、人生には有限の時間しか与えられていないのです。

人づてにうかがった話ではありますが、京都の女性で、息子さんに彼女ができ、その彼女を紹介されたときにこんなことを言った、というエピソードを聞いたことがありました。

その彼女さんに対しては「仁和寺《にんなじ》の桜みたいやね」とにっこりなさったとのこと。古刹《こさつ》の桜のようだとは褒め言葉のようで、よく知らずに言われたほうはうれしく思うような言葉なのですが、はなが低くて地味やな、という意味にもとれるのだそうで……。

どちらの意味にとるのかは、その人次第、ということにもなりそうです。ただ笑われるだけなのですから、喜んでおけばいいような気もします。

また、京都に代々長くお住まいの方にお聞きしてみると、京都人はいうほどエレガントではないよ、みんな結構はっきり言うで、というお話もされておいででした。もしかしたら、そうなのかもしれませんし、京都人の厳しい基準から見てエレガントではない、ということなのかもしれませんし、これも真意はどこにあるのか、はっきりとはしないのです。

ともあれ、また別の京都人にうかがったことですが、一緒にいるときにあまり緊張されると、「こっちがそんなに緊張させてるということなんか、それは申し訳ないなあ」という気持ちにもなるそうです。

やはり、よその人はよその人らしく、京都人に笑われながらも、ゆるく長くいいお付き合いをするのがよいのかもしれません。

こうした、戦略的にあいまいさを残し、余白と緩衝地帯を巧みに使いこなしていく、というのが京都人から学ぶエレガントな人間関係の知恵、だと中野は考えますが、皆さんは、いかがでしょうか。

本書が少しでも皆さんのこれからの生活に資することができましたら望外の喜びです。

中野信子

令和5年　春

［アンケートご協力者一覧（お名前は掲載希望者のみ、順不同、敬称略）**］**

みき　ニクマル　さなぽん　なるみ　井原伸一郎　宙　Nokanasuki　福岡心真佑　りんりん　tori　伊織　新宮涼子　さく　カタギリ　醤油ラーメン　獅子舞　藤原利映　やがて教授になるやつ　Amon　かおりん　M　やせいのりす　MF　しゅり　tomoyuri　アプソ　水羊羹　空子　まよぶた　たぴおか王子　音恵比寿　岩手のしーー　愛　みかんyody　kia joy　まねきねこ　くま　エメラルド　シゲ子　candy　あずきなこ　あや　紘史　石工パパ　山ちゃん　アンドリュー　Jinさん　まおまおん　drm　若林綾　まい倉林知子　さくら　夏目知早　しんご　月　Fummy　ゆうこりん　はる　みつ　かに虎　TAM　浅間山　じゅんぺー　かおる　みき　ハイジ　こいなり　ゆこり　さい　ほか２５０人の方々。改めまして、たくさんのご協力をありがとうございました。

また、本書の執筆に際しましては、たくさんの京都にお住まいの方々にお知恵をお貸しいただいたほか、企画・取材には永浜敬子さん、白鳥美子さん、山田剛良さんにお力添えいただきました。謹んで御礼申し上げます。

著者プロフィール

中野信子（なかの・のぶこ）
東京都生まれ。脳科学者、医学博士。東日本国際大学教授、京都芸術大学客員教授、森美術館理事。2008年東京大学大学院医学系研究科脳神経医学専攻博士課程修了。脳や心理学をテーマに研究や執筆の活動を精力的に行う。著書に『世界の「頭のいい人」がやっていることを１冊にまとめてみた』（アスコム）、『サイコパス』（文春新書）、『毒親』（ポプラ新書）、『フェイク』（小学館新書）など。

エレガントな毒の吐き方
脳科学と京都人に学ぶ「言いにくいことを賢く伝える技術」

2023年5月8日 第1版　第1刷発行

著者　中野信子
発行者　中川ヒロミ
発行　株式会社日経BP
発売　株式会社日経BPマーケティング
〒105-8308　東京都港区虎ノ門4-3-12
https://bookplus.nikkei.com/
協力　ブラックマヨネーズ（吉本興業）
デザイン　大場君人
イラスト　みずす
写真　尾関祐治
制作　キャップス
校正　ディクション
編集　宮本沙織　幸田華子
印刷・製本　大日本印刷株式会社

本書籍に関するお問い合わせ、ご連絡は下記にて承ります。
https://nkbp.jp/booksQA

ISBN978-4-296-00094-4　Printed in Japan　